Klasycy
dzieciom

Ilustrowała
Emilia Dziubak

Nasza Księgarnia

Projekt okładki *Karia Korobkiewicz*
Projekt layoutu okładki *Joanna Rusinek*
Ilustracje *Emilia Dziubak*

Wstęp

„Klasycy – dzieciom". I jedno, i drugie słowo nie jest jednoznaczne. Władysław Tatarkiewicz, filozof i historyk myśli, pisał niegdyś o kilku znaczeniach słowa „klasyk". W pierwotnym sensie to pisarz starożytny, najlepiej epoki Peryklesa w Grecji czy cesarza Augusta w Rzymie, to także twórca naśladujący w późniejszych epokach dawne wzory, to także ten, który stara się respektować normy estetyczne stworzone w antyku przez Arystotelesa i Horacego. Jest wszak i inne znaczenie słowa. Klasyk to pisarz wybitny, uznany, wzorcowy, ktoś, kto wszedł do kanonu kultury narodowej.

Wiersze i utwory prozą przedstawione w naszej antologii powstały dawno. Najstarsze, prawie dwieście czterdzieści lat temu, najnowsze, na przełomie XIX i XX wieku. Wyszły spod pióra wybitnych pisarzy. Oświeceniowego biskupa – „księcia poetów" – Ignacego Krasickiego, dwóch wielkich romantyków: Adama Mickiewicza i Juliusza Słowackiego, współczesnego im komediopisarza, autora *Zemsty* – Aleksandra Fredry, pracowitego twórcy kilku setek powieści historycznych i obyczajowych, dziś już nieco zapominanego, Józefa Ignacego Kraszewskiego oraz znanej poetki i autorki opowiadań z czasów Pozytywizmu i Młodej Polski Marii Konopnickiej. W tym zespole „klasyków" polskiej literatury, a więc pisarzy dawno już wprowadzonych do panteonu narodowego, może nas zaskoczyć obecność Stanisława Jachowicza. Poety starszego o dwa lata od Mickiewicza, o trzynaście od Słowackiego, tworzącego wraz z nimi w owych dramatycznych czasach zniewolenia, powstania listopadowego, Wielkiej Emigracji, a tak odmiennego od romantyków w swoich zainteresowaniach twórczych. Jachowicz to pierwszy w Polsce (choć nie działał w próżni, by przypomnieć choćby Klementynę z Tańskich-Hoffmanową) wielki pisarz dla dzieci, to on stworzył kanon wierszy, na których wychowywały się całe pokolenia, to on redagował już w 1829 roku „Tygodnik dla Dzieci" i wydawał w 1830 „Dziennik dla Dzieci", wychodzący aż sześć razy w tygodniu.

Podobnie jak z „klasykiem" tak i z pojęciem „dziecko" niełatwo sobie poradzić. Aż po wiek XVIII, a może i XIX, uznawano, że dziecko to mały dorosły, jeszcze niedojrzały, mniej mądry, mniej wykształcony. Dzieciństwa nie akceptowano, dzieciństwo należało przeczekać i jak najszybciej wejść w wiek dojrzały. Czternastoletnie dziewczęta wydawano za mąż. Dziewięcioletni chłopcy mogli wstępować w 1770 roku do warszawskiej Szkoły Rycerskiej. Do obowiązków ośmioletniego Niemcewicza należało czytanie na głos ojcu gazety. Oczywiście tej dla dorosłych. Jeszcze w 1820 roku Józef Korzeniowski, wychowawca ośmioletniego Zygmunta Krasińskiego, napisze: „Zygmuntek... rezonuje o polityce i moralności, mam tu w miniaturze trubadura i rycerza, aktora i filozofa". Choć już osiemnastowieczne pisma Jana Jakuba Rousseau i traktaty pedagogiczne Johanna Pestalozziego przecierały drogę do dzieciństwa jako odrębnego, autonomicznego okresu w życiu człowieka, to proces ten zachodził z wolna i w różnym rytmie, w zachodniej Europie wcześniej, w Polsce z opóźnieniem. Dotyczy to także literatury, pism i pisarzy kierujących swą wyobraźnię na dostrzeżone wreszcie dziecko. Pamiętajmy, że Defoe i jego *Przypadki Robinsona Crusoe* z 1729 roku, a także Swift i jego *Podróże Guliwera* z 1726 roku to nie były powieści ani dla dzieci, ani dla młodzieży. Były to poważne, obszerne teksty polityczne, społeczne, filozoficzne dla dorosłych. Dopiero po latach dokonano skrótów, przeróbek, dostosowań i tak stały się lekturą przeznaczoną dla młodego czytelnika.

Ani Krasicki, ani Mickiewicz, ani Słowacki nie tworzyli dla dzieci. To z czasem niektóre ich utwory zaczęły się pojawiać w wydaniach kierowanych do młodego odbiorcy. Młodsza o dwa pokolenia, bo urodzona w 1842 roku, Maria Konopnicka wyraźnie już dzieli swą twórczość na tę dla dorosłego czytelnika i na tę dla dzieci.

Co tworzy naszą świadomość narodową, naszą tożsamość, odrębność? Oczywiście język, którym się posługujemy, oczywiście miejsce geograficzne, w którym od pokoleń zamieszkujemy, i tradycja wspólnej kultury. A może przede wszystkim owa tradycja. Są w niej znaki, którymi się rozpoznajemy, którymi się kontaktujemy. Im więcej zapamiętamy tych znaków, tym głębiej wchodzimy w istotę polskości. Są to fakty historyczne, narodowe mity i legendy, a także wspólnie poznane i zapamiętane teksty literackie. Rozpoznawane w całości i zapamiętane we fragmentach. Kto z nas nie rozpoznaje pewnych zdań wyjętych z tekstów znajdujących się w naszym tomie, takich jak: „Miłe złego początki", „Nie odpowiadać na głupie pytania", „Już był w ogródku, już witał się z gąską", „Prawdziwych przyjaciół poznajemy w biedzie", „Wolnoć, Tomku, w swoim domku", „Osiołkowi w żłoby dano", „Pan kotek był chory i leżał w łóżeczku", „Nie rusz, Andziu, tego kwiatka", „Zaszyj dziurkę, póki mała", „Raz swawolny Tadeuszek", „Był sobie dziad i baba". „Patataj, patataj, pojedziemy w cudny kraj", „Hu! hu! ha! Nasza zima zła", „Pucu! pucu! chlastu! chlastu nie mam rączek jedenastu". Kto nie pamięta tytułów wierszy i opowiadań Konopnickiej: *Stefek Burczymucha*, *Na jagody*, *Szkolne przygody Pimpusia Sadełko*, *O Janku Wędrowniczku* czy *O Krasnoludkach i o sierotce Marysi*.

Im więcej takich tekstów zapamiętujemy, im więcej przekażemy ich naszym dzieciom, tak jak przekazali je nam nasi rodzice, wychowawcy, szkoła, tym pełniej uczestniczymy w narodowej kulturze.

Są dwie możliwości budowania antologii i wydawnictw dla młodego czytelnika. Podział, dość złudny, dość nieprecyzyjny na dzieci, młodzież i dorosłych oraz podział inny, ze względu na stopień trudności, na teksty łatwe i trudne. Najważniejsze, aby były na wysokim poziomie artystycznym, by były mądre, zachwycały swym językiem. W odbiorze będą rozpoznawane rozmaicie, zależnie od dojrzałości czytelnika, jego zainteresowań, inteligencji. A tu jak wiadomo świat dorosłych, młodzieży i dzieci mieszają się niezwykle. Są w naszym tomie teksty łatwe, takie jak wiersze Jachowicza, niektóre bajki Krasickiego i Mickiewicza, niektóre większe utwory Fredry czy Konopnickiej. Są i teksty trudniejsze: ballady Mickiewicza, aluzyjne bajki Krasickiego. Naszej antologii towarzyszy przekonanie, że ciekawość i zdolność pojmowania świata przez dzieci jest większa, niż zazwyczaj sądzimy. Nie bójmy się pokazywać im wierszy i opowiadań nieco trudniejszych w odbiorze, okaże się, że dobrze sobie z nimi radzą. A pytania dzieci o objaśnienie i pomoc w rozumieniu szczegółu to tylko satysfakcja dla nas, dorosłych.

W ciągu wieków zmieniał się język. Są słowa, terminy, które dawno wyszły z użycia, takie jak: wniść, osieł, szklniące, zozula, zatopy, zapaśny, pludry, maślnica, frejlina, bakalarus, samka. Są zawody, których już nie ma: szatny, psiarek, patron z trybunału, są tytuły, które odeszły w przeszłość: waszeć, waćpan, waćpanna, mościa panna. Próbujmy je zapamiętać, ocalić, to przecież część ważnej, dawnej naszej kultury.

Próbujmy pokazać je naszym dzieciom, zachęcajmy, aby czytały same. Nie ma większej satysfakcji, niż usłyszeć kiedyś zdanie: przecież ja to znam, czytałem kiedyś z tatą i mamą, teraz przeczytam moim dzieciom.

Andrzej Krzysztof Guzek
Uniwersytet Warszawski

Ignacy Krasicki

(1735–1801)

WSTĘP DO BAJEK

Był młody, który życie wstrzemięźliwie pędził;
Był stary, który nigdy nie łajał, nie zrzędził;
Był bogacz, który zbiorów potrzebnym udzielał;
Był autor, co się z cudzej sławy rozweselał;
Był celnik, który nie kradł; szewc, który nie pijał;
Żołnierz, co się nie chwalił; łotr, co nie rozbijał;
Był minister rzetelny, o sobie nie myślał;
Był na koniec poeta, co nigdy nie zmyślał.
– A cóż to za bajka? Wszystko to być może!
– Prawda, jednakże ja to między bajki włożę.

PTASZKI W KLATCE

„Czegoż płaczesz? – staremu mówił czyżyk młody. –
Masz teraz lepsze w klatce niż w polu wygody".
„Tyś w niej zrodzon – rzekł stary – przeto ci wybaczę;
Jam był wolny, dziś w klatce – i dlatego płaczę".

ŻÓŁW I MYSZ

Że zamknięty w skorupie niewygodnej siedział,
Żałowała mysz żółwia; żółw jej odpowiedział:
„Miej ty sobie pałace, ja mój domek ciasny;
Prawda; nie jest wspaniały – szczupły, ale własny".

SZCZYGIEŁ I KOS

Ponad wrzosem
Szczygieł z kosem
Powadzili się o to, kto z nich lepiej śpiewa.
Koło drzewa
Widząc, iż się przymyka,
Zdali sąd na ptasznika.
Ten, przyjaźni zadatki
Chcąc dać, prosił do klatki.
Ale i kos, i szczygieł powiedzieli mu na to:
„Lepsza zwada na dworze niźli zgoda za kratą".

KOMAR I MUCHA

Mamy latać, latajmyż nie górnie, nie nisko!
Komar, muchy tonącej mając widowisko,
Że nie wyżej leciała, nad nią się użalił.
Gdy to mówił, wpadł w świecę i w ogniu się spalił.

MYSZ I KOT

Mysz, dlatego że niegdyś całą książkę zjadła,
Rozumiała, iż wszystkie rozumy posiadła.
Rzekła więc towarzyszkom: „Nędzę waszą skrócę:
Spuśćcie się tylko na mnie, ja kota nawrócę!".
Posłano więc po kota; kot zawżdy gotowy,
Nie uchybił minuty, stanął do rozmowy.
Zaczęła mysz egzortę; kot jej pilnie słuchał,
Wzdychał, płakał… Ta widząc, iż się udobruchał,
Jeszcze bardziej wpadła w kaznodziejski zapał,
Wysunęła się z dziury – a wtem ją kot złapał.

RYBKA MAŁA I SZCZUPAK

Widząc w wodzie robaka rybka jedna mała,
Że go połknąć nie mogła, wielce żałowała.
Nadszedł szczupak, robak się przed nim nie osiedział,
Połknął go, a z nim haczyk, o którym nie wiedział.
Gdy rybak na brzeg ciągnął korzyść okazałą,
Rzekła rybka: „Dobrze to czasem być małą".

LIS I OSIEŁ

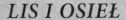

Lis stary, wielki oszust, sławny swym rzemiosłem,
Że nie miał przyjaciela, narzekał przed osłem.
„Sameś sobie w tym winien – rzekł mu osieł na to. –
Jakąś sobie zgotował, obchodź się zapłatą".
Głupi ten, co wniść w przyjaźń z łotrem się ośmiela:
Umiej być przyjacielem, znajdziesz przyjaciela.

LIS I WILK

Wpadł lis w jamę, wilk nadszedł, a widząc w złym stanie,
Oświadczył mu żal szczery i politowanie.
„Nie żałuj – lis zawołał – chciej lepiej ratować".
„Zgrzeszyłeś, bracie lisie, trzeba pokutować".
I nagroda, i kara zarówno się mierzy:
Kto nikomu nie wierzył, nikt temu nie wierzy.

KRUK I LIS

(z Ezopa)

Bywa często zwiedzionym,
Kto lubi być chwalonym.
Kruk miał w pysku ser ogromny;
Lis, niby skromny,
Przyszedł do niego i rzekł: „Miły bracie,
Nie mogę się nacieszyć, kiedy patrzę na cię!
Cóż to za oczy!
Ich blask aż mroczy!
Czyż można dostać
Takową postać?
A pióra jakie!
Szklniące, jednakie.
A jeśli nie jestem w błędzie,
Pewnie i głos śliczny będzie".
Więc kruk w kantaty; skoro pysk rozdziawił,
Ser wypadł, lis go porwał i kruka zostawił.

WILCZKI

Pstry jeden, czarny drugi, a bury najmniejszy,
Trzy wilczki wadziły się, który z nich piękniejszy.
Mówił pierwszy: „Ja rzadki!".
Mówił drugi: „Ja gładki!".
Mówił trzeci: „Ja taki jak i pani matka!".
Trwała zwadka.
Wtem wilczyca nadbiegła;
Gdy w niezgodzie postrzegła:
„Cóż to – rzecze – same w lesie
Wadzicie się!".
Więc one w powieść, jak się rzecz działa.
Gdy wysłuchała:
„Idzie tu wam o skórę – rzekła – miłe dzieci,
Która zdobi, która szpeci.
Nasłuchałam się tego już to razy kilka,
Nie przystoi to na wilka
Wcale.
Ale
Jak będziecie tak w kupie
Dysputować się, głupie,
Wiecie, kto nie zbłądzi?
Oto strzelec was pozwie, a kuśnierz osądzi".

PRZYJACIELE

Zajączek jeden młody,
Korzystając z swobody,
Pasł się trawką, ziółkami w polu i ogrodzie,
Z każdym w zgodzie.
A że był bardzo grzeczny, rozkoszny i miły,
Bardzo go inne zwierzęta lubiły.
I on też, używając wszystkiego z weselem,
Wszystkich był przyjacielem.
Raz gdy wyszedł w świtanie i bujał po łące,
Słyszy przerażające
Głosy trąb, psów szczekanie, trzask wielki po lesie.
Stanął… Słucha… Dziwuje się…
A gdy się coraz zbliżał ów hałas, wrzask srogi,
Zając w nogi.
Wspojźrzy się poza siebie: aż tu psy i strzelce!
Strwożon wielce,
Przecież wypadł na drogę, od psów się oddalił.
Spotkał konia, prosi go, iżby się użalił:
„Weź mnie na grzbiet i unieś!". Koń na to: „Nie mogę,
Ale od innych będziesz miał pewną załogę".
Jakoż wół się nadarzył. „Ratuj, przyjacielu!".
Wół na to: „Takich jak ja zapewne niewielu
Znajdziesz, ale poczekaj i ukryj się w trawie,
Jałowica mnie czeka, niedługo zabawię.
A tymczasem masz kozła, co ci dopomoże".
Kozieł: „Żal mi cię, nieboże!

Ale ci grzbietu nie dam, twardy, nie dogodzi:
Oto wełniasta owca niedaleko chodzi,
Będzie ci miętko siedzieć". Owca rzecze:
„Ja nie przeczę,
Ale choć cię uniosę pomiędzy manowce,
Psy dogonią i zjedzą zająca i owcę:
Udaj się do cielęcia, które się tu pasie".
„Jak ja ciebie mam wziąć na się,
Kiedy starsi nie wzięli?" – cielę na to rzekło
I uciekło.
Gdy więc wszystkie sposoby ratunku upadły,
Wśród serdecznych przyjaciół psy zająca zjadły.

WÓŁ MINISTER

Kiedy wół był ministrem i rządził rozsądnie,
Szły, prawda, rzeczy z wolna, ale szły porządnie.
Jednostajność na koniec monarchę znudziła;
Dał miejsce wołu małpie lew, bo go bawiła.
Dwór był kontent, kontenci poddani – z początku;
Ustała wkrótce radość – nie było porządku.
Pan się śmiał, śmiał minister, płakał lud ubogi.
Kiedy więc coraz większe nastawały trwogi,
Zrzucono z miejsca małpę. Żeby złemu radził,
Wzięto lisa: ten pana i poddanych zdradził.
Nie osiedział się zdrajca i ten, który bawił:
Znowu wół był ministrem i wszystko naprawił.

MALARZE

Dwaj portretów malarze słynęli przed laty:
Piotr dobry, a ubogi, Jan zły, a bogaty.
Piotr malował wybornie, a głód go uciskał;
Jan mało i źle robił, więcej jednak zyskał.
Dlaczegoż los tak różny mieli ci malarze?
Piotr malował podobne, Jan piękniejsze twarze.

MĄDRY I GŁUPI

Nie nowina, że głupi mądrego przegadał;
Kontent więc, iż uczony nic nie odpowiadał,
Tym bardziej jeszcze krzyczeć przeraźliwie począł;
Na koniec zmordowany, gdy sobie odpoczął,
Rzekł mądry, żeby nie był w odpowiedzi dłużny:
„Wiesz, dlaczego dzwon głośny? Bo wewnątrz jest próżny".

ŁAKOMY I ZAZDROSNY

Porzuciwszy ojczyznę, i żonę, i dzieci,
Szedł łakomy z zazdrosnym, Jowisz z nimi trzeci.
Gdy kończyli wędrówkę, bożek im powiedział:
„Jestem Jowisz – i żeby każdy o tem wiedział,
Proście mnie, o co chcecie, zadosyć uczynię
Pierwszemu, a drugiemu w dwójnasób przyczynię".
Nie chce być pierwszym skąpy i stanął, jak wryty;
Nie chce mówić zazdrosny, równie nieużyty.
Na koniec, kiedy przeprzeć łakomcę nie może:
„Wyłup mi jedno oko – rzecze – wielki Boże!".
Stało się. I, co mieli zyskać w takiej dobie,
Stracił jedno zazdrosny, a łakomy obie.

MĄDRY I GŁUPI

Pytał głupi mądrego: „Na co rozum zda się?".
Mądry milczał: gdy coraz bardziej naprzykrza się,
Rzekł mu: „Na to się przyda, według mego zdania,
Żeby nie odpowiadać na głupie pytania".

PIENIACZE

Po dwudziestu dekretach, trzynastu remisach,
Czterdziestu kondemnatach, sześciu kompromisach
Zwyciężył Marek Piotra, a że się zbogacił,
Ostatnie trzysta złotych za dekret zapłacił.
Umarł Piotr, umarł Marek, powróciwszy z grodu:
Ten, co przegrał, z rozpaczy – ten, co wygrał, z głodu.

WYROK

Czy nos dla tabakiery, czy ona dla nosa,
Była wielka dysputa ze starym młokosa,
Na złotnika sąd przyszedł; bezwzględny a szczery
Dał wyrok nieodwłocznie: „Nos dla tabakiery!".

CZŁOWIEK I ZDROWIE

W jedną drogę szli razem i człowiek, i zdrowie.
Na początku biegł człowiek; towarzysz mu powie:
„Nie spiesz się, bo ustaniesz". Biegł jeszcze tym bardziej.
Widząc zdrowie, że jego towarzystwem gardzi,
Szło za nim, ale z wolna. Przyszli na pół drogi:
Aż człowiek, że z początku nadwerężył nogi,
Zelżył kroku na środku. Za jego rozkazem
Przybliżyło się zdrowie i odtąd szli razem.
Coraz człowiek ustawał, mając w pogotowiu,
Zbliżył się: „Iść nie mogę, prowadź mnie" – rzekł zdrowiu.
„Było mnie zrazu słuchać" – natenczas mu rzekło;
Chciał człowiek odpowiedzieć… lecz zdrowie uciekło.

KAŁAMARZ I PIÓRO

Powadził się kałamarz na stoliku z piórem,
Kto świeżo napisanej księgi był autorem.
Nadszedł ten, co ją pisał, rozśmiał się z bajarzów.
Wieleż takich na świecie piór i kałamarzów!

Adam Mickiewicz

(1798–1855)

LIS I KOZIEŁ

Już był w ogródku, już witał się z gąską:
Kiedy skok robiąc, wpadł w beczkę wkopaną,
Gdzie wodę zbierano;
Ani pomyśleć o wyskoczeniu.
Chociaż wody nie było i nawet nie grząsko:
Studnia na półczwarte łokcia,
Za wysokie progi
Na lisie nogi;
Zrąb tak gładki, że nigdzie nie wścibić paznokcia.
Postaw się teraz w tego lisa położeniu!
Inny zwierz pewno załamałby łapy
I bił się w chrapy,
Wołając gromu, ażeby go dobił:
Nasz lis takich głupstw nie robił;
Wie, że rozpaczać jest to zło przydawać do zła.
Za czym maca wkoło zębem,
A patrzy w górę. Jakoż wkrótce ujrzał kozła,
Stojącego tuż nad zrębem
I patrzącego z ciekawością w studnię.
Lis wnet spuścił pysk na dno, udając, że pije;
Cmoka mocno, głośno chłepce
I tak sam do siebie szepce:
„Oto mi woda, takiej nie piłem, jak żyję!
Smak lodu, a czysta cudnie!
Chce mi się całemu spłukać,
Ale mi ją szkoda zbrukać,

Szkoda!
Bo co też to za woda!".
Kozieł, który tam właśnie przyszedł wody szukać:
„Ej! – krzyknął z góry – ej, ty, ryży kudła,
Wara od źródła!".
I hop w dół. Lis mu na kark, a z karku na rogi,
A z rogów na zrąb i w nogi.

PRZYJACIELE

Nie masz teraz prawdziwej przyjaźni na świecie;
Ostatni znam jej przykład w oszmiańskim powiecie.
Tam żył Mieszek, kum Leszka, i kum Mieszka Leszek,
Z tych, co to: gdzie ty, tam ja – co moje, to twoje.
Mówiono o nich, że gdy znaleźli orzeszek,
Ziarenko dzielili na dwoje;
Słowem, tacy przyjaciele,
Jakich i wtenczas liczono niewiele.
Rzekłbyś: dwój duch w jednym ciele.

O tej swojej przyjaźni raz w cieniu dąbrowy
Kiedy gadali, łącząc swoje czułe mowy
Do kukań zozul i krakań gawronich –
Alić ryknęło raptem coś koło nich.
Leszek na dąb; nuż po pniu skakać jak dzięciołek.
Mieszek tej sztuki nie umie,
Tylko wyciąga z dołu ręce: „Kumie!".
Kum już wylazł na wierzchołek.

Ledwie Mieszkowi był czas zmrużyć oczy,
Zbladnąć, paść na twarz: a już niedźwiedź kroczy.
Trafia na ciało, maca: jak trup leży;
Wącha: a z tego zapachu,
Który mógł być skutkiem strachu,
Wnosi, że to nieboszczyk i że już nieświeży.
Więc mruknąwszy ze wzgardą, odwraca się w knieję,

Bo niedźwiedź Litwin miąs nieświeżych nie je.
Dopieroż Mieszek odżył… „Było z tobą krucho! –
Woła kum – szczęście, Mieszku, że cię nie zadrapał!
Ale co on tak długo tam nad tobą sapał,
Jak gdyby coś miał powiadać na ucho?".
„Powiedział mi – rzekł Mieszek – przysłowie niedźwiedzie:
Że prawdziwych przyjaciół poznajemy w biedzie".

GOLONO, STRZYŻONO

U nas, kto jest niby chory,
Zwołuje zaraz doktory;
Lecz czując się bardzo słaby,
Prosi chłopa albo baby.
Ci ze swego aptekarstwa
Potrafią i podagrze,
I chiragrze, i głuchotom,
I suchotom, i głupotom
Radzić. A i u nich wszakże
Nie masz na upór lekarstwa.

Mieszkał Mazur blisko Zgierza,
Któremu zginęła suka,
Straż domostwa i spichlerza.
Gdy jej z żalem i kłopotem
W okolicy całej szuka,
Wróciła się tydzień potem.
Ledwie poznał, że to ona:
Bo była wpół ogolona.

„O, zbóje! Żeby ją skryli,
Używają takich figli,
Że biedaczkę wygolili!".
„Powiedz raczej, że ostrzygli –
Robi mu uwagę żona. –
Bo psów nie golą, lecz strzygą".

„A no patrzajcież no mi go –
Odpowie Mazur z przekąsem –
Jakaś ty mi dyć uczona!
Mając gołe jak pięść lice,
Chcesz nauczać nas pod wąsem,
Co jest brzytwa, co nożyce?
Przecież dobrze, suko miła,
Żeś tu jest, choć ogolona".

„I jam rada, że wróciła –
Odpowiada na to żona. –
Choć wróciła ostrzyżona".

„A nasz pan, co mu łysina
Prześwieca się jak ta psina!
Myślisz, że jest postrzyżona?…".

„A wąsiki ekonoma –
Odpowiada zaraz żona –
Co mu wiszą jak u soma,
A błyszczą jak namaszczone,
Sąć golone czy strzyżone?".

„Bierz-ci licho tego soma
I pana, i ekonoma –
Doświadczony Mazur rzecze. –
Dobrze, że suka jest doma,
Choć tak szpetnie ogolona".
„Prawdę mówisz, mój człowiecze,
Toć i jam się ucieszyła –
Odpowiada zaraz żona –

Że się suka powróciła,
Choć tak szpetnie ostrzyżona".
„Głupiaś z twymi nożycami!".
„I ty z twoimi brzytwami!…".
„Że golona, przypatrzże się!".
„Że strzyżona, pokaże się:
A dyć to nierówne cięcie,
Co jak kosa trawę siecze".
„A dyć to w skórę zarznięcie,
Jak doktorskie, aż krew ciecze".

Tak się kłócą mąż i żona;
Miasto Zgierz całe się zbiega,
A krzyk wkoło się rozlega:
„Ogolona! Ostrzyżona!".

Idzie sąsiad: „Niechaj przyjdzie,
Niech się wpatrzy i przekona".
Jedzie Żyd: „Podejdź no, Żydzie,
Czy golona, czy strzyżona?".

Od Żyda aż do plebana,
Od plebana aż do pana,
Sprawa zapieczętowana;
Co sąsiad i Żyd dowodził,
Na to się ksiądz i pan zgodził:
Że wygrała męska strona,
Że suka jest ogolona.

Wracają do domu strony.
Po drodze chłop pyta żony:

Czy wyroku treść pamięta?
Ona milczy jak zaklęta.
U progu suka ich wita;
„Pódź tu, moja ogolona!" –
Woła mąż. A zaś kobieta:
„Pódź tu, moja ostrzyżona!".

Mazur wściekł się, już nie gada
Ani żonie odpowiada,
Tylko wziąwszy pod rękawki,
Wlecze ją wprost do sadzawki
I topi jak kadź ogórków.

Ona, nienawykła nurków,
Już się zachłysnęła nieraz;
On, trzymając za ramiona,
Gnębi, krzycząc: „A no teraz;
Czy golona, czy strzyżona?".

Biedaczka, ze śmiercią w walce,
Czując skonu paraliże,
Wytknęła tylko dwa palce
I na odpowiedź palcami,
Jakby dwiema nożycami,
Mężowi pod nosem strzyże.

Na ten widok uciekł z wody.
Ona poszła do gospody,
On się puścił aż do Zgierza
I tam przystał na żołnierza.

PANI TWARDOWSKA

Jedzą, piją, lulki palą,
Tańce, hulanka, swawola;
Ledwie karczmy nie rozwalą,
Cha cha, chi chi, hejże, hola!

Twardowski siadł w końcu stoła,
Podparł się w boki jak basza;
„Hulaj dusza! hulaj!" – woła,
Śmieszy, tumani, przestrasza.

Żołnierzowi, co grał zucha,
Wszystkich łaje i potrąca,
Świsnął szablą koło ucha,
Już z żołnierza masz zająca.

Na patrona z trybunału,
Co milczkiem wypróżniał rondel,
Zadzwonił kieską pomału,
Z patrona robi się kondel.

Szewcu w nos wyciął trzy szczutki,
Do łba przymknął trzy rureczki,
Cmoknął, cmok, i gdańskiej wódki
Wytoczył ze łba pół beczki.

Wtem gdy wódkę pił z kielicha,
Kielich zaświstał, zazgrzytał;
Patrzy na dno: „Co u licha?
Po coś tu, kumie, zawitał?".

Diablik to był w wódce na dnie,
Istny Niemiec, sztuczka kusa;
Skłonił się gościom układnie,
Zdjął kapelusz i dał susa.

Z kielicha aż na podłogę
Pada, rośnie na dwa łokcie,
Nos jak haczyk, kurzą nogę
I krogulcze ma paznokcie.

„A! Twardowski, witam, bracie!".
To mówiąc, bieży obcesem:
„Cóż to, czyliż mię nie znacie?
Jestem Mefistofelesem.

Wszak ze mną na Łysej Górze
Robił o duszę zapisy;
Cyrograf na byczej skórze
Podpisałeś ty, i bisy.

Miały słuchać twego rymu;
Ty, jak dwa lata przebiegą,
Miałeś pojechać do Rzymu,
By cię tam porwać jak swego.

Już i siedem lat uciekło,
Cyrograf nadal nie służy,
Ty czarami dręcząc piekło,
Ani myślisz o podróży.

Ale zemsta, choć leniwa,
Nagnała cię w nasze sieci;
Ta karczma Rzym się nazywa,
Kładę areszt na waszeci".

Twardowski ku drzwiom się kwapił
Na takie *dictum acerbum**;
Diabeł za kuntusz ułapił:
„A gdzie jest *nobile verbum*?**".

Co tu począć? – Kusa rada,
Przyjdzie już nałożyć głową.
Twardowski na koncept wpada
I zadaje trudność nową.

„Patrz w kontrakt, Mefistofilu,
Tam warunki takie stoją:
Po latach tylu a tylu,
Gdy przyjdziesz brać duszę moją,

Będę miał prawo trzy razy,
Zaprząc ciebie do roboty;
A ty najtwardsze rozkazy
Musisz spełnić co do joty.

* dictum acerbum (łac.) – przykre powiedzenie
** nobile verbum (łac.) – słowo szlacheckie

Patrz, oto jest karczmy godło,
Koń malowany na płótnie;
Ja chcę mu wskoczyć na siodło,
A koń niech z kopyta utnie.

Skręć mi przy tym biczyk z piasku,
Żebym miał czym konia chłostać,
I wymuruj gmach w tym lasku,
Bym miał gdzie na popas zostać.

Gmach będzie z ziarnek orzecha,
Wysoki pod szczyt Krępaku,
Z bród żydowskich ma być strzecha,
Pobita nasieniem z maku.

Patrz, oto na miarę ćwieczek,
Cal gruby, długi trzy cale,
W każde z makowych ziareczek
Wbij mi takie trzy bratnale".

Mefistofil duchem skoczy,
Konia czyści, karmi, poi,
Potem bicz z piasku utoczy
I już w gotowości stoi.

Twardowski dosiadł biegusa,
Próbuje podskoków, zwrotów,
Stępa, galopuje, kłusa,
Patrzy, aż i gmach już gotów.

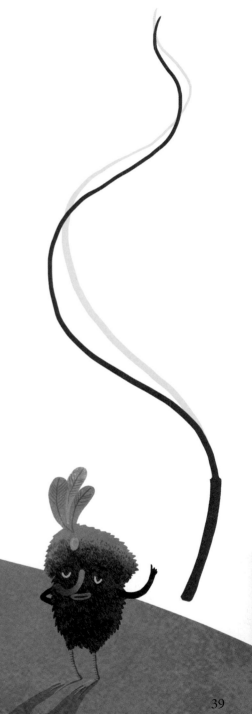

„No! wygrałeś, panie bisie;
Lecz druga rzecz nie skończona:
Trzeba skąpać się w tej misie,
A to jest woda święcona".

Diabeł kurczy się i krztusi,
Aż zimny pot na nim bije;
Lecz pan każe, sługa musi,
Skąpał się biedak po szyję.

Wyleciał potem jak z procy,
Otrząsł się, dbrum! parsknął raźnie.
„Teraz jużeś w naszej mocy,
Najgorętszą́m odbył łaźnię".

„Jeszcze jedno, będzie kwita,
Zaraz pęknie moc czartowska;
Patrzaj, oto jest kobiéta,
Moja żoneczka Twardowska.

Ja na rok u Belzebuba
Przyjmę za ciebie mieszkanie,
Niech przez ten rok moja luba
Z tobą jak z mężem zostanie.

Przysiąż jej miłość, szacunek
I posłuszeństwo bez granic;
Złamiesz choć jeden warunek,
Już cała ugoda za nic".

Diabeł do niego pół ucha,
Pół oka zwrócił do samki,
Niby patrzy, niby słucha,
Tymczasem już blisko klamki.

Gdy mu Twardowski dokucza,
Od drzwi, od okien odpycha,
Czmychnąwszy dziurką od klucza,
Dotąd jak czmycha, tak czmycha.

POWRÓT TATY

„Pójdźcie, o dziatki, pójdźcie wszystkie razem
Za miasto, pod słup na wzgórek,
Tam przed cudownym klęknijcie obrazem,
Pobożnie zmówcie paciórek.

Tato nie wraca; ranki i wieczory
We łzach go czekam i trwodze;
Rozlały rzeki, pełne zwierza bory
I pełno zbójców na drodze".

Słysząc to dziatki, biegą wszystkie razem
Za miasto, pod słup na wzgórek,
Tam przed cudownym klękają obrazem
I zaczynają paciórek.

Całują ziemię, potem: „W imię Ojca,
Syna i Ducha Świętego,
Bądź pochwalona, przenajświętsza Trójca,
Teraz i czasu wszelkiego".

Potem: *Ojcze nasz* i *Zdrowaś*, i *Wierzę*,
Dziesięcioro i koronki,
A kiedy całe zmówili pacierze,
Wyjmą książeczkę z kieszonki:

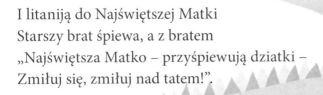

I litaniją do Najświętszej Matki
Starszy brat śpiewa, a z bratem
„Najświętsza Matko – przyśpiewują dziatki –
Zmiłuj się, zmiłuj nad tatem!".

Wtem słychać tarkot, wozy jadą drogą
I wóz znajomy na przedzie;
Skoczyły dziatki i krzyczą jak mogą;
„Tato, ach, tato nasz jedzie!".

Obaczył kupiec, łzy radosne leje,
Z wozu na ziemię wylata;
„Ha, jak się macie, co się u was dzieje?
Czyście tęskniły do tata?

Mama czy zdrowa? ciotunia? domowi?
A ot rodzynki w koszyku".
Ten sobie mówi, a ten sobie mówi,
Pełno radości i krzyku.

„Ruszajcie – kupiec na sługi zawoła. –
Ja z dziećmi pójdę ku miastu".
Idzie… aż zbójcy obskoczą dokoła,
A zbójców było dwunastu.

Brody ich długie, kręcone wąsiska,
Wzrok dziki, suknia plugawa;
Noże za pasem, miecz u boku błyska,
W ręku ogromna buława.

Krzyknęły dziatki, do ojca przypadły,
Tulą się pod płaszcz na łonie;
Truchleją słudzy, struchlał pan wybladły,
Drżące ku zbójcom wzniósł dłonie.

„Ach, bierzcie wozy, ach, bierzcie dostatek,
Tylko puszczajcie nas zdrowo,
Nie róbcie małych sierotami dziatek
I młodej małżonki wdową".

Nie słucha zgraja, ten już wóz wyprzęga,
Zabiera konie, a drugi
„Pieniędzy!" – krzyczy i buławą sięga,
Ów z mieczem wpada na sługi.

Wtem: „Stójcie, stójcie!" – krzyknie starszy zbójca
I spędza bandę precz z drogi,
A wypuściwszy i dzieci, i ojca,
„Idźcie – rzekł – dalej bez trwogi".

Kupiec dziękuje, a zbójca odpowie:
„Nie dziękuj, wyznam ci szczerze,
Pierwszy bym pałkę strzaskał na twej głowie,
Gdyby nie dziatek pacierze,

Dziatki sprawiły, że uchodzisz cało,
Darzą cię życiem i zdrowiem;
Im więc podziękuj, za to, co się stało,
A jak się stało, opowiem.

Z dawna już słysząc o przejeździe kupca,
I ja, i moje kamraty,
Tutaj za miastem, przy wzgórku u słupca,
Zasiadaliśmy na czaty.

Dzisiaj nadchodzę, patrzę między chrusty,
Modlą się dziatki do Boga;
Słucham, z początku porwał mię śmiech pusty,
A potem litość i trwoga.

Słucham, ojczyste przyszły na myśl strony,
Buława upadła z ręki;
Ach, ja mam żonę! i u mojej żony
Jest synek taki maleńki.

Kupcze! jedź w miasto, ja do lasu muszę;
Wy, dziatki, na ten pagórek
Biegajcie sobie i za moją duszę
Zmówcie też czasem paciórek".

ŚWITEZIANKA

Jakiż to chłopiec piękny i młody?
Jaka to obok dziewica?
Brzegami sinej Świtezi wody
Idą przy świetle księżyca.

Ona mu z kosza daje maliny,
A on jej kwiatki do wianka;
Pewnie kochankiem jest tej dziewczyny,
Pewnie to jego kochanka.

Każdą noc prawie, o jednej porze,
Pod tym się widzą modrzewiem.
Młody jest strzelcem w tutejszym borze,
Kto jest dziewczyna? – ja nie wiem.

Skąd przyszła? – darmo śledzić kto pragnie;
Gdzie uszła? – nikt jej nie zbada.
Jak mokry jaskier wschodzi na bagnie,
Jak ognik nocny przepada.

„Powiedz mi, piękna, luba dziewczyno,
Na co nam te tajemnice,
Jaką przybiegłaś do mnie drożyną?
Gdzie dom twój, gdzie są rodzice?

Minęło lato, zżółkniały liścia
I dżdżysta nadchodzi pora,
Zawsze mam czekać twojego przyścia
Na dzikich brzegach jeziora?

Zawszeż po kniejach, jak sarna płocha,
Jak upiór błądzisz w noc ciemną?
Zostań się lepiej z tym, kto cię kocha,
Zostań się, o luba! ze mną.

Chateczka moja stąd niedaleka
Pośrodku gęstej leszczyny;
Jest tam dostatkiem owoców, mleka,
Jest tam dostatkiem zwierzyny".

„Stój, stój – odpowie – hardy młokosie,
Pomnę, co ojciec rzekł stary:
Słowicze wdzięki w mężczyzny głosie,
A w sercu lisie zamiary.

Więcej się waszej obłudy boję,
Niż w zmienne ufam zapały,
Może bym prośby przyjęła twoje;
Ale czy będziesz mnie stały?".

Chłopiec przyklęknął, chwycił w dłoń piasku,
Piekielne wzywał potęgi,
Klął się przy świętym księżyca blasku,
Lecz czy dochowa przysięgi?

„Dochowaj, strzelcze, to moja rada:
Bo kto przysięgę naruszy,
Ach, biada jemu, za życia biada!
I biada jego złej duszy!".

To mówiąc, dziewka więcej nie czeka,
Wieniec włożyła na skronie
I pożegnawszy strzelca z daleka,
Na zwykłe uchodzi błonie.

Próżno się za nią strzelec pomyka,
Rączym wybiegom nie sprostał,
Znikła jak lekki powiew wietrzyka,
A on sam jeden pozostał.

Sam został, dziką powraca drogą,
Ziemia uchyla się grząska,
Cisza wokoło, tylko pod nogą
Zwiędła szeleszcze gałązka.

Idzie nad wodą, błędny krok niesie,
Błędnymi strzela oczyma;
Wtem wiatr zaszumiał po gęstym lesie,
Woda się burzy i wzdyma.

Burzy się, wzdyma, pękają tonie,
O niesłychane zjawiska!
Ponad srebrzyste Świtezi błonie
Dziewicza piękność wytryska.

Jej twarz jak róży bladej zawoje,
Skropione jutrzenki łezką;
Jako mgła lekka, tak lekkie stroje
Obwiały postać niebieską.

„Chłopcze mój piękny, chłopcze mój młody –
Zanuci czule dziewica. –
Po co wokoło Świtezi wody
Błądzisz przy świetle księżyca?

Po co żałujesz dzikiej wietrznicy,
Która cię zwabia w te knieje,
Zawraca głowę, rzuca w tęsknicy
I może jeszcze się śmieje?

Daj się namówić czułym wyrazem,
Porzuć wzdychania i żale,
Do mnie tu, do mnie, tu będziem razem
Po wodnym pląsać krysztale.

Czy zechcesz niby jaskółka chybka
Oblicze tylko wód muskać,
Czy zdrów jak rybka, wesół jak rybka,
Cały dzień ze mną się pluskać.

A na noc w łożu srebrnej topieli
Pod namiotami zwierciadeł,
Na miękkiej wodnych lilijek bieli,
Śród boskich usnąć widziadeł".

Wtem z zasłon błysną piersi łabędzie,
Strzelec w ziemię patrzy skromnie,
Dziewica w lekkim zbliża się pędzie
I „Do mnie – woła – pójdź do mnie".

I na wiatr lotne rzuciwszy stopy,
Jak tęcza śmiga w krąg wielki,
To znowu siekąc wodne zatopy,
Srebrnymi pryska kropelki.

Podbiega strzelec i staje w biegu,
I chciałby skoczyć, i nie chce;
Wtem modra fala, prysnąwszy z brzegu,
Z lekka mu w stopy załechce.

I tak go łechce, i tak go znęca,
Tak się w nim serce rozpływa,
Jak gdy tajemnie rękę młodzieńca
Ściśnie kochanka wstydliwa.

Zapomniał strzelec o swej dziewczynie,
Przysięgą pogardził świętą,
Na zgubę, oślep bieży w głębinie,
Nową zwabiony ponętą.

Bieży i patrzy, patrzy i bieży;
Niesie go wodne przestworze,
Już z dala suchych odbiegł wybrzeży,
Na średnim igra jeziorze.

I już dłoń śnieżną w swej ciśnie dłoni,
W pięknych licach topi oczy,
Ustami usta różane goni
I skoczne okręgi toczy.

Wtem wietrzyk świsnął, obłoczek pryska,
Co ją w łudzącym krył blasku,
Poznaje strzelec dziewczynę z bliska:
Ach, to dziewczyna spod lasku!

„A gdzie przysięga? gdzie moja rada?
Wszak kto przysięgę naruszy,
Ach, biada jemu, za życia biada!
I biada jego złej duszy!

Nie tobie igrać przez srebrne tonie
Lub nurkiem pluskać w głąb jasną;
Surowa ziemia ciało pochłonie,
Oczy twe żwirem zagasną.

A dusza przy tym świadomym drzewie
Niech lat doczeka tysiąca,
Wiecznie piekielne cierpiąc żarzewie,
Nie ma czym zgasić gorąca”.

Słyszy to strzelec, błędny krok niesie,
Błędnymi rzuca oczyma;
A wicher szumi po gęstym lesie,
Woda się burzy i wzdyma.

Burzy się, wzdyma i wre aż do dna,
Kręconym nurtem pochwyca,
Roztwiera paszczę otchłań podwodna,
Ginie z młodzieńcem dziewica.

Woda się dotąd burzy i pieni,
Dotąd przy świetle księżyca
Snuje się para znikomych cieni:
Jest to z młodzieńcem dziewica.

Ona po srebrnym pląsa jeziorze,
On pod tym jęczy modrzewiem.
Któż jest młodzieniec? – strzelcem był w borze.
A kto dziewczyna? – ja nie wiem.

ŚWITEŹ

Do Michała Wereszczaki

Ktokolwiek będziesz w Nowogródzkiej stronie,
Do Płużyn ciemnego boru
Wjechawszy, pomnij zatrzymać twe konie,
Byś się przypatrzył jezioru.

Świteź tam jasne rozprzestrzenia łona,
W wielkiego kształcie obwodu,
Gęstą po bokach puszczą oczerniona
A gładka jak szyba lodu.

Jeżeli nocną przybliżysz się dobą
I zwrócisz ku wodom lice,
Gwiazdy nad tobą i gwiazdy pod tobą,
I dwa obaczysz księżyce.

Niepewny, czyli szklanna spod twej stopy
Pod niebo idzie równina,
Czyli też niebo swoje szklanne stropy
Aż do nóg twoich ugina:

Gdy oko brzegów przeciwnych nie sięga,
Dna nie odróżnia od szczytu,
Zdajesz się wisieć w środku niebokręga,
W jakiejś otchłani błękitu.

Tak w noc, pogodna jeśli służy pora,
Wzrok się przyjemnie ułudzi;
Lecz żeby w nocy jechać do jeziora,
Trzeba być najśmielszym z ludzi.

Bo jakie szatan wyprawia tam harce!
Jakie się larwy szamocą,
Drżę cały, kiedy bają o tym starce,
I strach wspominać przed nocą.

Nieraz śród wody gwar jakoby w mieście,
Ogień i dym bucha gęsty,
I zgiełk walczących, i wrzaski niewieście,
I dzwonów gwałt, i zbrój chrzęsty.

Nagle dym spada, hałas się uśmierza,
Na brzegach tylko szum jodły,
W wodach gadanie cichego pacierza
I dziewic żałośne modły.

Co to ma znaczyć? różni różnie plotą,
Cóż, kiedy nie był nikt na dnie;
Biegają wieści pomiędzy prostotą,
Lecz któż z nich prawdę odgadnie?

Pan na Płużynach, którego pradziady
Były Świtezi dziedzice,
Z dawna przemyślał i zasięgał rady,
Jak te zbadać tajemnice.

Kazał przybory w bliskim robić mieście
I wielkie sypał wydatki;
Związano niewód, głęboki stóp dwieście,
Budują czółny i statki.

Ja ostrzegałem: że w tak wielkim dziele
Dobrze, kto z Bogiem poczyna,
Dano więc na mszą w niejednym kościele
I ksiądz przyjechał z Cyryna.

Stanął na brzegu, ubrał się w ornaty,
Przeżegnał, pracę pokropił,
Pan daje hasło: odbijają baty,
Niewód się z szumem zatopił.

Topi się, pławki na dół z sobą spycha,
Tak przepaść wody głęboka.
Prężą się liny, niewód idzie z cicha,
Pewnie nie złowią ni oka.

Na brzeg oboje wyjęto już skrzydło,
Ciągną ostatek więcierzy;
Powiemże, jakie złowiono straszydło?
Choć powiem, nikt nie uwierzy.

Powiem jednakże: nie straszydło wcale,
Żywa kobieta w niewodzie,
Twarz miała jasną, usta jak korale,
Włos biały skąpany w wodzie.

Do brzegu dąży; a gdy jedni z trwogi
Na miejscu stanęli głazem,
Drudzy zwracają ku ucieczce nogi,
Łagodnym rzecze wyrazem:

„Młodzieńcy, wiecie, że tutaj bezkarnie
Dotąd nikt statku nie spuści,
Każdego śmiałka jezioro zagarnie
Do nieprzebrnionych czeluści.

I ty, zuchwały, i twoja gromada
Wraz byście poszli w głębinie,
Lecz że to kraj był twojego pradziada,
Że w tobie nasza krew płynie;

Choć godna kary jest ciekawość pusta,
Lecz żeście z Bogiem poczęli,
Bóg wam przez moje opowiada usta
Dzieje tej cudnej topieli.

Na miejscach, które dziś piaskiem zaniosło,
Gdzie car i trzcina zarasta,
Po których teraz wasze biega wiosło,
Stał okrąg pięknego miasta.

Świteź, i w sławne orężem ramiona,
I w kraśne twarze bogata,
Niegdyś od książąt Tuhanów rządzona,
Kwitnęła przez długie lata.

Nie ćmił widoku ten ostęp ponury;
Przez żyzne wskróś okolice
Widać stąd było Nowogródzkie mury,
Litwy naówczas stolicę.

Raz niespodzianie obległ tam Mendoga
Potężnym wojskiem Car z Rusi,
Na całą Litwę wielka padła trwoga,
Że Mendog poddać się musi.

Nim ściągnął wojsko z odległej granicy,
Do ojca mego napisze:
»Tuhanie! w tobie obrona stolicy,
Śpiesz, zwołaj twe towarzysze«.

Skoro przeczytał Tuhan list książęcy
I wydał rozkaz do wojny,
Stanęło zaraz mężów pięć tysięcy,
A każdy konny i zbrojny.

Uderzą w trąby, rusza młódź, już w bramie
Błyska Tuhana proporzec,
Lecz Tuhan stanie i ręce załamie,
I znowu jedzie na dworzec.

I mówi do mnie: »Jaż własnych mieszkańców
Dla obcej zgubię odsieczy?
Wszak wiesz, że Świteź nie ma innych szańców
Prócz naszych piersi i mieczy.

Jeśli rozdzielę szczupłe wojsko moje,
Krewnemu nie dam obrony;
A jeśli wszyscy pociągniem na boje,
Jak będą córy i żony?«.

Ojcze – odpowiem – lękasz się niewcześnie,
Idź, kędy sława cię woła,
Bóg nas obroni: dziś nad miastem we śnie
Widziałam jego Anioła.

Okrążył Świteź miecza błyskawicą
I nakrył złotymi pióry,
I rzekł mi: »Póki męże za granicą,
Ja bronię żony i córy!«.

Usłuchał Tuhan i za wojskiem goni,
Lecz gdy noc spadła ponura,
Słychać gwar z dala, szczęk i tętent koni,
I zewsząd straszny wrzask: ura!

Zagrzmią tarany, padły bram ostatki,
Zewsząd pocisków grad leci,
Biegną na dworzec starce, nędzne matki,
Dziewice i drobne dzieci.

»Gwałtu! – wołają – zamykajcie bramę!
Tuż, tuż za nami Ruś wali.
Ach! zgińmy lepiej, zabijmy się same,
Śmierć nas od hańby ocali«.

Natychmiast wściekłość bierze miejsce strachu;
Miecą bogactwa na stosy,
Przynoszą żagwie i płomień do gmachu
I krzyczą strasznymi głosy:

»Przeklęty będzie, kto się nie dobije!«.
Broniłam, lecz próżny opór,
Klęczą, na progach wyciągają szyje,
A drugie przynoszą topór.

Gotowa zbrodnia: czyli wezwać hordy
I podłe przyjąć kajdany,
Czy bezbożnymi wytępić się mordy;
Panie! – zawołam – nad pany!

Jeśli nie możem ujść nieprzyjaciela,
O śmierć błagamy u Ciebie.
Niechaj nas lepiej Twój piorun wystrzela
Lub żywych ziemia pogrzebie.

Wtem jakaś białość nagle mię otoczy,
Dzień zda się spędzać noc ciemną,
Spuszczam ku ziemi przerażone oczy,
Już ziemi nie ma pode mną.

Takeśmy uszły zhańbienia i rzezi;
Widzisz to ziele dokoła,
To są małżonki i córki Świtezi,
Które Bóg przemienił w zioła.

Białawym kwieciem, jak białe motylki,
Unoszą się nad topielą;
List ich zielony jak jodłowe szpilki,
Kiedy je śniegi pobielą.

Za życia cnoty niewinnej obrazy,
Jej barwę mają po zgonie,
W ukryciu żyją i nie cierpią skazy,
Śmiertelne nie tkną ich dłonie.

Doświadczył tego Car i ruska zgraja,
Gdy, piękne ujrzawszy kwiecie,
Ten rwie i szyszak stalony umaja,
Ten wianki na skronie plecie;

Kto tylko ściągnął do głębini ramię,
Tak straszna jest kwiatów władza,
Że go natychmiast choroba wyłamie
I śmierć gwałtowna ugadza.

Choć czas te dzieje wymazał z pamięci,
Pozostał sam odgłos kary,
Dotąd w swych baśniach prostota go święci
I kwiaty nazywa cary".

To mówiąc, pani z wolna się oddala,
Topią się statki i sieci,
Szum słychać w puszczy, poburzona fala
Z łoskotem na brzegi leci.

Jezioro do dna pękło na kształt rowu,
Lecz próżno za nią wzrok goni,
Wpadła i falą nakryła się znowu,
I więcej nie słychać o niej.

Juliusz Słowacki
(1809–1849)

O JANKU, CO PSOM SZYŁ BUTY

(fragment *Kordiana*)

Było sobie niegdyś w szkole
Piękne dziecię, zwał się Janek.
Czuł zawczasu bożą wolę,
Ze starymi suszył dzbanek.
Dobry z niego byłby wiarus,
Bo w literach nie czuł smaku;
Co dzień stary bakalarus
Łamał wierzby na biedaku,
I po setnej, setnej probie
Rzekł do matki: „Oj, kobiéto!
Twego Janka w ciemię bito,
Nic nie wbito – weź go sobie!…".
Biedna matka wzięła Jana,
Szła po radę do plebana,
Przed plebanem w płacz na nowo;
A księżulo słuchał skargi
I poważnie nadął wargi,
Po ojcowsku ruszał głową.
Wysłuchawszy pacierz złego:
„Patrz mi w oczy" – rzekł do żaka. –
„Nic dobrego! nic dobrego!".
Potem hożą twarz pogładził,
Dał opłatek i piętaka
I do szewca oddać radził…

Jak poradził, tak matczysko
I zrobiło… Szewc był blisko…
Lecz Jankowi nie do smaku
Przy szewieckiej ślipać igle.
Diabeł mięszał żółć w biedaku,
Śniły mu się dziwy, figle;
Zwyciężyła wilcza cnota,
Rzekł: „W świat pójdę o piętaku!".
A więc tak jak był – hołota,
Przed terminem rzucił szewca
I na strudze do Królewca
Popłynął…
Jak do wody wpadł i zginął…

Matka w płacz, łamała dłonie;
A ksiądz pleban na odpuście
Przeciw dziatkom i rozpuście
Grzmiał jak piorun na ambonie;
W końcu dodał: „Bogobojna
Trzódko moja, bądź spokojna:
Co ma wisieć, nie utonie".

Mały Janek gdzie się chował
Przez rok cały, zgadnąć trudno.
Wsiadł na okręt i żeglował
I na jakąś wyspę ludną
Przypłynąwszy – wylądował…
Owdzie król przechodził drogą.
Jaś pokłonił się królowi
I dworzanom, i ludowi;
A kłaniając, szastał nogą

Tak układnie, że król stary
Włożył na nos okulary.
I wnet tymże samym torem,
Dwór za królem, lud za dworem
Powkładali szkła na oczy…
Owoż król ten posiadł sławę,
Jakoby miał wzrok proroczy;
I choć stracił oko prawe,
Tak kunsztownie lewym władał,
Że człowieka zaraz zbadał,
Na co mierzy, na co zdatny;
Czy zeń ma być rządca kraju,
Czy podstoli, czy też szatny…
Lecz tą razą, wbrew zwyczaju,
Król pan oczom nie dowierza,
Czy żak Janek na tancerza?
Czy na rządcę dobry kraju?
Więc zapytał: „Mój kochanku,
Jak masz imię?".
„Janek".
„Janku,
Coż ty umiesz?".
„Psom szyć buty".
„A czy dobrze?".
„Oj, tatulu!
Czyli raczej, panie królu!
Jak szacuję, ręczyć mogę,
Że but każdy ostro kuty
I na jedną zrobię nogę,
Czyli raczej na łap dwoje…
To na zimę. Z letnich czasów

67

But o jednym szwie wystroję,
Na opłatku, bez obcasów;
A robota takiej wiary,
Że psy puszczaj na moczary,
Suchą nogą przejdą stawy".
„Masz więc służbę, złotem płacę" –
Rzekł do Janka pan łaskawy
I za sobą wiódł w pałace.
A gdy dzień zaświtał czwarty,
Szły na łowy w butach charty;
A szewc chartów w aksamicie
Przy królewskiej jechał świcie;
Złoty order miał na szyi,
W trzy dni został szambelanem,
W sześć dni rządcą prowincyi,
W dni dwanaście został panem.
Starą matkę wziął z chałupy,
Król frejliną ją mianował.
A plebana pożałował
W biskupy…

W PAMIĘTNIKU ZOFII BOBRÓWNY

Niechaj mię Zośka o wiersze nie prosi,
Bo kiedy Zośka do ojczyzny wróci,
To każdy kwiatek powie wiersze Zosi,
Każda jej gwiazdka piosenkę zanuci.
Nim kwiat przekwitnie, nim gwiazdeczka zleci,
Słuchaj – bo to są najlepsi poeci.

Gwiazdy błękitne, kwiateczki czerwone
Będą ci całe poemata składać.
Ja bym to samo powiedział, co one,
Bo ja się od nich nauczyłem gadać;
Bo tam, gdzie Ikwy srebrne fale płyną,
Byłem ja niegdyś, jak Zośka, dzieciną.

Dzisiaj daleko pojechałem w gości
I dalej mię los nieszczęśliwy goni.
Przywieź mi, Zośko, od tych gwiazd światłości,
Przywieź mi, Zośko, z tamtych kwiatów woni,
Bo mi zaprawdę odmłodnieć potrzeba.
Wróć mi więc z kraju taką – jakby z nieba.

KOLĘDA

(fragment *Złotej czaszki*)

Chrystus Pan się narodził…
Świat się cały odmłodził…
Et mentes…

Nad sianem, nad żłóbeczkiem
Aniołek z aniołeczkiem
Ridentes…

Przyleciały wróbelki
Do Panny Zbawicielki
Cantantes…

Przyleciały łańcuchy
Łabędzi, srebrne puchy
Mutantes…

Puchu wzięła troszeczkę,
Zrobiła poduszeczkę
Dzieciątku…

Potem go położyła
I sianem go nakryła
W żłobiątku.

NIE WIADOMO CO,
CZYLI ROMANTYCZNOŚĆ

(Epilog do *Ballad*)

Szło dwóch w nocy z wielką trwogą,
Aż pies czarny bieży drogą.
Czy to pies?
Czy to bies?

Rzecze jeden do drugiego:
„Czy ty widzisz psa czarnego?
Czy to pies?
Czy to bies?".

Żaden nic nie odpowiedział,
Żaden bowiem nic nie wiedział.
Czy to pies?
Czy to bies?

Lecz obadwaj tak się zlękli,
Że zeszli w rów i przyklękli.
Czy to pies?
Czy to bies?

Drżą, potnieją, włos się jeży –
A pies bieży, a pies bieży.
Czy to pies?
Czy to bies?

Bieży, bieży – już ich mija,
Podniósł ogon i wywija.
Czy to pies?
Czy to bies?

Już ich minął, pobiegł dalej,
Oni wstali i patrzali.
Czy to pies?
Czy to bies?

Wtem, o dziwy! w oddaleniu,
Na zakręcie zniknął w cieniu.
Czy to pies?
Czy to bies?

Długo stali i myśleli,
Lecz się nic nie dowiedzieli,
Czy to pies?
Czy to bies?

Aleksander Fredro
(1793–1876)

PAWEŁ I GAWEŁ

Paweł i Gaweł w jednym stali domu,
Paweł na górze, a Gaweł na dole;
Paweł spokojny, nie wadził nikomu,
Gaweł najdziksze wymyślał swawole.
Ciągle polował po swoim pokoju:
To pies, to zając – między stoły, stołki
Gonił, uciekał, wywracał koziołki,
Strzelał i trąbił, i krzyczał do znoju.
Znosił to Paweł, nareszcie nie może;
Schodzi do Gawła i prosi w pokorze:
„Zmiłuj się waćpan, poluj ciszej nieco,
Bo mi na górze szyby z okien lecą!".
A na to Gaweł: „Wolnoć, Tomku,
W swoim domku".
Cóż było mówić? Paweł ani pisnął,
Wrócił do siebie i czapkę nacisnął.
Nazajutrz Gaweł jeszcze smacznie chrapie,
A tu z powały coś mu na nos kapie.
Zerwał się z łóżka i pędzi na górę.
Sztuk, puk! – zamknięto.
Spogląda przez dziurę
I widzi… Cóż tam? Cały pokój w wodzie,
A Paweł z wędką siedzi na komodzie.
„Co waćpan robisz?". „Ryby sobie łowię".
„Ależ, mospanie, mnie kapie po głowie!".
A Paweł na to: „Wolnoć, Tomku,

W swoim domku".
Z tej to powiastki morał w tym sposobie:
Jak ty komu, tak on tobie.

MAŁPA W KĄPIELI

Rada małpa, że się śmieli,
Kiedy mogła udać człeka,
Widząc panią raz w kąpieli,
Wlazła pod stół – cicho czeka.
Pani wyszła, drzwi zamknęła;
Małpa figlarz – nuż do dzieła!
Wziąwszy pański czepek ranny,
Prześcieradło
I zwierciadło –
Szust do wanny!
Dalej kurki kręcić żwawo!
W lewo, w prawo,
Z dołu, z góry,
Aż się ukrop puścił z rury.
Ciepło – miło – niebo – raj!
Małpa myśli: „W to mi graj!".
Hajże! Kozły, nurki, zwroty,
Figle, psoty,
Aż się wody pod nią mącą!
Ale ciepła coś za wiele…
Trochę nadto… Ba, gorąco!…
Fraszka! Małpa nie cielę,
Sobie poradzi:
Skąd ukrop ciecze,
Tam palec wsadzi.
– Aj, gwałtu! Piecze!

Nie ma co czekać,
Trzeba uciekać!
Małpa w nogi,
Ukrop za nią – tuż, tuż w tropy,
Aż pod progi.
To nie żarty – parzy stopy…
Dalej w okno!… Brzęk! – Uciekła!
Że tylko palce popiekła,
Nader szczęśliwa.
Tak to zwykle małpom bywa.

SOWA

„Głupie wszystkie ptaki!"
– Rzekła sowa.
Na te słowa
Jaki taki
Dalej w krzaki –
Miłość własną ma i ptak.
Ale śmielszy stary szpak
Gwiźnie, skoczy
Jej przed oczy
I zapyta jejmość pani,
Z jakich przyczyn wszystkich gani.
„Boście ślepi". „Bośmy ślepi?
A któż widzi lepiej?".
„Ja, bo bez słońca pomocy
Widzę w nocy".
Na to odrzekł stary szpak:
„Widzieć zawsze wszystkim wspak,
To nie chluba,
Sowo luba.
Możeś mądra – niech tak będzie,
Lecz twą mądrość kryje cień,
A tymczasem słychać wszędzie:
Każda sowa
Głupia w dzień".

DWA KOGUTY

Na dziedzińcu przy kurniku
Krzyknął kogut – kukuryku;
Kukuryku – krzyknął drugi
I dalej w czuby!
Biją skrzydła jak kańczugi,
Dziobią dzioby,
Drą pazury
Aż do skóry.
Już krew kapie, pierze leci –
Z kwoczką uszedł rywal trzeci.
A wtem indor dmuchnął: „Hola!".
Stała się jego wola.
„O co idzie, o co chodzi?
Indor was pogodzi".
Na to oba, każdy sobie:

„Przedrzeźniał się mej osobie".
„Moi panowie
– Indor powie –
Niepotrzebnie się czubiło,
Przedrzeźniania tu nie było;
Obydwa z jednej zapaliście nuty,
Boście obydwa koguty".
Kiedy głupstwo jeden powie,
Głupstwo drugi mu odpowie;
Potem płacą życiem, zdrowiem.
Co rzec na to? Wiem – nie powiem!

WIECZERZA Z GWOŹDZIA

Mówią ludzie, że przed laty
Cygan wszedł do wiejskiej chaty,
Skłonił się babie u progu
I powitawszy ją w Bogu,
Prosił, by tak dobrą była
I przy ogniu pozwoliła
Z gwoździa zgotować wieczerzę –
I gwóźdź długi w rękę bierze.
„Z gwoździa zgotować wieczerzę!
To potrawą całkiem nową!".
Baba trochę wstrząsła głową,
Ale baba jest ciekawa,
Co to będzie za przyprawa;
W garnek zatem wody wlewa
I do ognia kładzie drzewa,
Cygan włożył gwóźdź powoli
I garsteczkę prosi soli.
„Hej, Mamuniu – do niej rzecze –
Łyżka masła by się zdała".
Niecierpliwość babę piecze,
Łyżkę masła w garnek wkłada;
Potem Cygan jej powiada:
„Hej, Mamuniu, czy tam w chacie
Krup garsteczki wy nie macie?".
A baba już niecierpliwa,
Końca, końca tylko chciwa,

Garścią krupy w garnek wkłada.
Cygan wtenczas czas swój zgadł,
Gwóźdź wydobył, kaszę zjadł.
Potem baba przysięgała
Niezachwiana w swojej wierze,
Że na swe oczy widziała,
Jak z gwoździa zrobił wieczerzę.

O CZTERECH PODRÓŻNYCH

Dawnymi czasy, jak pewna wieść niesie,
Czterech podróżnych błądziło po lesie.
Mróz był tak mocny, noc była tak ciemną,
Że chęć podróży stała się daremną.
Ogień więc rozłożyli
I dnia czekać uradzili.
„Trzeba by – rzecze jeden i poziewa –
Przynieść więcej drzewa".
„Trzeba by – rzecze drugi
Legając jak długi –
Rozszerzyć ogniska,
By wszystkich grzały z bliska".
„Trzeba by – zamruczał trzeci –
Czym zasłonić od zamieci".
„Trzeba by nie spać" – bąknął czwarty
Na łokciu oparty.
Tak każdy powiedział,
Co wiedział,
I myśląc jeszcze o lepszym sposobie,
Zasnął sobie.
Cóż z tego; ogień zgasł, a nieostrożni
Pomarli podróżni.
Gdzie bez czynu sama rada,
Biada radcom, dziełu biada.

WIATR I NOC

„Czemu ty szumisz?" – noc się wiatru pyta.
„Czemu? Bo żyję... dmę sobie, i kwita! –
Odpowiedział wiatr burzliwie. –
Ale tobie ja raczej się dziwię,
Zimno czy ciepło, słota czy pogoda,
Ty wciąż milczysz, śpisz jak kłoda!".
Noc mu na to: „Jesteś w błędzie
Zupełnie w tym względzie,
Bo kto milczy, nie śpi wcale,
Ale raczej czuwa stale;
Tego, który działa w ciszy,
Głupiec nigdy nie dosłyszy.
A z twojego szumu
Ni pomocy, ni rozumu,
I jak świat światem, a wszędzie
Wiatr wiatrem tylko będzie!".

OSIOŁKOWI W ŻŁOBY DANO...

Osiołkowi w żłoby dano,
W jeden owies, w drugi siano.
Uchem strzyże, głową kręci,
I to pachnie, i to nęci.
Od którego teraz zacznie,
Aby sobie podjeść smacznie?
Trudny wybór, trudna zgoda –
Chwyci siano, owsa szkoda,
Chwyci owies, żal mu siana.
I tak stoi aż do rana,
A od rana do wieczora;
Aż nareszcie przyszła pora,
Że oślina pośród jadła –
Z głodu padła.

Stanisław Jachowicz
(1796–1857)

CHORY KOTEK

Pan kotek był chory i leżał w łóżeczku.
I przyszedł kot doktor:
„Jak się masz, koteczku?".
„Źle bardzo" – i łapkę wyciągnął do niego.
Wziął za puls pan doktor poważnie chorego
I dziwy mu prawi:
„Zanadto się jadło,
Co gorsza, nie myszki, lecz szynki i sadło;
Źle bardzo… Gorączka! Źle bardzo, koteczku!
Oj, długo ty, długo poleżysz w łóżeczku
I nic jeść nie będziesz, kleiczek i basta.
Broń Boże kiełbaski, słoninki lub ciasta".

„A myszki nie można – zapyta koteczek –
Lub z ptaszka małego choć parę udeczek?".
„Broń Boże! Pijawki i dyjeta ścisła!
Od tego pomyślność w leczeniu zawisła".
I leżał koteczek; kiełbaski i kiszki
Nietknięte; z daleka pachniały mu myszki.
Patrzcie, jak złe łakomstwo! Kotek przebrał miarę,
Musiał więc, nieboraczek, srogą ponieść karę.
Tak się i z wami, dziateczki, stać może;
Od łakomstwa strzeż was Boże!

PIŁKA

Piłka raz się z chłopców śmiała,
Że wyżej od nich skakała.
Urażeni żarty tymi
Nie podnieśli piłki z ziemi.
Błąd poznała nieboraczka
I ze wstydu spiekła raczka.

ZAJĄC

Wyszedł zając zza krzaka
I udawał junaka:
Wąsy podniósł do góry,
Wzrok nasrożył ponury.
A wtem jakoś z niechcąca
Wietrzyk z krzaczka
liść strąca…
Patrzą… nie ma zająca!

ZIARNECZKO

Rzuciła w ziemię ziarnko Teofilka.
Czeka dni kilka.
A tu i listeczka
Nie widać z ziarneczka.
Trochę niecierpliwa
Na ziarnko się gniewa.
„Jeszcze dni poczekam kilka" –
Mówi sobie Teofilka.
A ojciec na to: „Dziecię ukochane!
Nieprędko wzejdzie ziarneczko posiane!".
„To ja – rzecze Teofilka –
Jeszcze dni poczekam kilka".
Jak przyrzekła, tak czekała;
A gdy listków długo nie widziała,
Znowu się gniewa.
„Mówiłem ci: bądź cierpliwa! –
Rzecze ojciec do dziewczynki. –
Matka nie puszcza dziecinki,
Aż ją umocni, uzbroi;
Ziemia jest matką ziarneczka,
Nie wypuści więc listeczka,
Ona się o niego boi".
Upłynęło znów dni kilka.
Idzie z ojcem Teofilka
I rzuci oczkiem na stronę:
Aż tu listeczki zielone.

Ucieszona Teofilka
Rzecze: „Czas spłynął jak chwilka,
Mam już śliczniuchne listeczki!".
Uczcie się cierpliwości, kochane dziateczki!

ANDZIA

„Nie rusz, Andziu, tego kwiatka,
Róża kole" – rzekła matka.
Andzia mamy nie słuchała,
Ukłuła się i płakała.

WANDZIA

Zamiast kwiatów, zamiast wstążki
Kupowała Wandzia książki;
Ale żadnej nie czytała:
Ot, tak tylko, byle miała.
Na to matka jej powiada:
„Książka w szafie nic nie nada.
Pszczółka z kwiatków miodek chwyta;
Kto ma książkę, niechaj czyta".

GAŁECZKI

Chłopczyk przy stole rzucał gałki z chleba,
Choć mateczka mówiła, że rzucać nie trzeba.
Nazajutrz prosi o chleb chłopczyna mateczki.
„Nie ma – odpowie matka – poszedł na gałeczki".

ZARADŹ ZŁEMU ZAWCZASU

„Zaszyj dziurkę, póki mała" –
Mama Zosię przestrzegała.
Ale Zosia, niezbyt skora,
Odwlekała do wieczora.
Z dziurki dziura się zrobiła.
A choć Zosia i zaszyła,
Popsuła się suknia cała.
Źle, że matki nie słuchała.

DZIECIĘ I STARUSZEK

Niosło raz dziecię wody dzbanuszek,
Spotkał je w drodze siwy staruszek
I rzekł do niego z uprzejmą minką:
„Pozwól się napić, dziecinko!".
Dziecina chętnie schyla dzbanuszka
I napoiła wodą staruszka.

Raz koło sadu szła ta dziecina,
Patrzy… z owocem drzewo się zgina:
Jakżeby rada zjeść kilka gruszek!
Aż tu wychodzi siwy staruszek,
Ową dziecinę dobrą poznaje
I najpiękniejszych gruszeczek daje.

PIERNICZEK

„Henrysiu! Naści pierniczek – rzekł przyjaciel domu –
Ale zjedz go gdzie w kącie i nie daj nikomu".
„Ej, pan chyba żartuje – odpowie Henryczek –
Mam zjeść sam, to dziękuję, schowaj pan pierniczek".

OBCHODŹ SIĘ ŁAGODNIE ZE ZWIERZĘTAMI

Zwierzątkom dokuczać to bardzo zła wada.
I piesek ma czucie, choć o tym nie gada.
Kto z pieskiem się draźni, ciągnie go za uszko,
To bardzo niedobre musi mieć serduszko.

TADEUSZEK

Raz swawolny Tadeuszek
Nawsadzał w flaszeczkę muszek;
A nie chcąc ich morzyć głodem,
Ponarzucał chleba z miodem.

Widząc to, ojciec przyniósł mu piernika
I nic nie mówiąc, drzwi na klucz zamyka.
Zaczął się prosić, płakał Tadeuszek,
A ojciec na to: „Nie więź biednych muszek".
Siedział dzień cały. To go nauczyło:
Nie czyń drugiemu, co tobie niemiło.

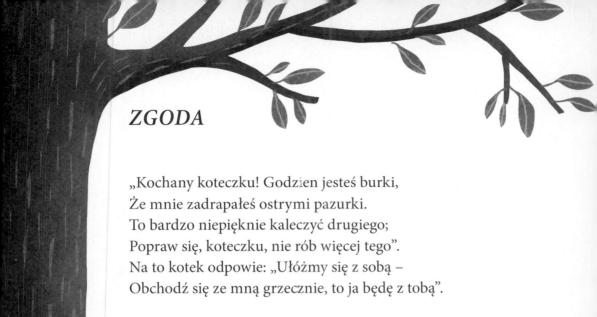

ZGODA

„Kochany koteczku! Godzien jesteś burki,
Że mnie zadrapałeś ostrymi pazurki.
To bardzo niepięknie kaleczyć drugiego;
Popraw się, koteczku, nie rób więcej tego".
Na to kotek odpowie: „Ułóżmy się z sobą –
Obchodź się ze mną grzecznie, to ja będę z tobą".

PTASZEK W GOŚCINIE

Puk, puk, ptaszek do okienka:
„Niech tam otworzy panienka;
Bo to teraz straszna zima,
Nigdzie i ziarneczka nie ma".

I ptaszynie otworzyli,
Ogrzali i nakarmili,
A ptaszyna wdzięczna za to,
Śpiewała im całe lato.

PIESEK KRUCZEK

„Chodź, piesku! – a ten piesek nazywał się Kruczek –
Chodź – mówił Hipolitek – nauczę się sztuczek".
„Kiedym ja jeszcze mały, ucz, panicz, Azora".
„Nie, piesku – rzecze chłopczyk – to najlepsza pora,
Azor stary, nie pojmie, pracować z nim nudno.
I tobie później byłoby trudno:
O, wiele by cię, wiele pracy kosztowało!
Teraz zobaczysz jak mało".
Wkrótce pojętny Kruczek
Nauczył się wielu sztuczek:
Służył, podawał i pływał,
Tysiąc figlów dokazywał,
A to tak zręcznie, tak śmiało,
Iż się zdawało,
Że go nic nie kosztowało.
Pamiętaj, Hipolitku, coś mówił do Kruczka:
Że się z młodu najlepiej nabywa nauczka.

MYSZ MŁODA I STARA

„Wyjdź, kochaneczko, z ciasnej chatki
I posłuchaj głosu matki –
Mówiła mysz do córki – w świat cię wyprowadzę.
Ja ci doradzę:
Jak zbierać ziarneczka,
Jak się strzec koteczka,
Jak łapki unikać,
Jak do jamki zmykać.
Powiem ci, czym słoninka pachnie przypiekana;
Ale mnie słuchaj, córko ukochana".
Myszka była posłuszna i nie żałowała.
Długo sobie szczęśliwie po świecie bujała.
Tysiąc myszek zginęło, ona jednak żyła.
A czemu? Bo posłuszna swojej matce była.

PASTERZ

„Ach, ratujcie, ratujcie! – wołał pasterz młody. –
Najpiękniejszą owieczkę wilk mi porwał z trzody!
O, ratujcie, ratujcie!". Przybiegli pasterze,
A on w śmiech: „Jam żartował, on jeszcze nie bierze,
Chciałem tylko doświadczyć, czy dobrze czuwacie;
Może mi się kiedy zdacie.
Cha, cha, cha, jakżem was też wyprowadził w pole!".
Raz, drugi się udały podobne swawole,
Ale jednego ranka
Wilk doprawdy pięknego porwał mu baranka.
Pasterz w krzyk i pomocy zewsząd z płaczem wzywa –
Nikt nie przybywa.
I prosi, i błaga –
Nic nie pomaga.
Wilk uniósł zdobycz, pasterz poniósł stratę.
Taką się to odbiera za kłamstwo zapłatę!

WILK I KOŹLĘ

Troskliwa o los dziecięcia,
Rzekła koza do koźlęcia:
„Wychodzę teraz na paszę,
Siedźże tu spokojnie, wasze,
Póki nie wrócę do domu,
Nie otwieraj mi nikomu:
Chyba, że białą pokaże ci łapkę".
Wilk, co od dawna miał na koźlę chrapkę,
Myśląc, że zręcznie uda mu się sztuka,
Ledwie matka odeszła, do koźlęcia puka.
„Białą łapkę masz, nieboże?
Bo inaczej nie otworzę;
Mamunia mi zakazała.
Oj! u ciebie coś nie biała".
„Masz szczęście – wilk odpowiada –
Biada by ci była, biada!".

ZASTANOWIENIE

„Dlaczego tak mówisz mało?".
„Bo wprzód myślę, co powiedzieć,
Niemądre słówko źle by się wydało;
Mam gadać jak papuga, lepiej cicho siedzieć".

ROBACZEK ŚWIECĄCY

„Nie ma nic piękniejszego, jak światełko nasze –
Rzekł robaczek świecący. – Nawet gwiazdy gaszę!".
Błysnęło jasne słońce – zniknął blask wspaniały.
Takie skutki próżnej chwały!

Józef Ignacy
Kraszewski

(1812–1887)

DZIAD I BABA

Był sobie dziad i baba
Bardzo starzy oboje:
Ona kaszląca, słaba,
On skurczony we dwoje.

Mieli chatkę maleńką,
Taką starą jak oni,
Jedno miała okienko
I jeden był wchód do niej.

Żyli bardzo szczęśliwie
I spokojnie jak w niebie.
Czemu ja się nie dziwię,
Bo przywykli do siebie.

Tylko smutno im było,
Że umierać musieli,
Że się kiedyś mogiłą
Długie życie rozdzieli.

I modlili się szczerze,
Aby Bożym rozkazem,
Kiedy śmierć ich zabierze,
Brała oboje razem.

– Razem? To być nie może,
Ktoś choć chwilę wprzód skona.
– Byle nie ty, nieboże.
– Byle tylko nie ona!

– Wprzód umrę! – woła baba. –
Jestem starsza od ciebie,
Co chwila bardziej słaba;
Zapłaczesz na pogrzebie.

– Ja wprzódy, moja miła.
Ja kaszlę bez ustanku
I zimna mnie mogiła
Przykryje lada ranku.

– Mnie wprzódy! – Mnie, kochanie!
– Mnie, mówię! – Dość już tego!
Dla ciebie płacz zostanie.
– A tobie nie? Dlaczego?

I tak dalej, i dalej.
Jak zaczęli się kłócić,
Tak się z miejsca porwali,
Chatkę chcieli porzucić.

Aż do drzwi – puk, powoli.
– Kto tam? – Otwórzcie, proszę,
Posłuszna waszej woli,
Śmierć jestem, skon przynoszę.

– Idź, babo, drzwi otworzyć!
– Ot to! Idź sam, jam słaba.
Ja pójdę się położyć –
Odpowiedziała baba.

– Fi! Śmierć na słocie stoi
I czeka tam nieboga!
– Idź, otwórz z łaski swojej.
– Ty otwórz, moja droga.

Baba za piecem z cicha
Kryjówki sobie szuka,
Dziad pod ławę się wpycha,
A śmierć stoi i puka.

I byłaby lat dwieście
Pode drzwiami tak stała,
Lecz, znudzona nareszcie,
Kominem wleźć musiała.

Dziad i baba

Był sobie dziad i baba; stary się zwał Taradaj, a żonę jego nazywano Taradajką. Nie mieli na całym świecie bożym ani piędzi ziemi, ani złamanego szeląga, ani żadnej rzeczy, która jego jest.

We wsi Czubatej Woli od niepamiętnych czasów najmowali sobie pustą chatę, w której niegdyś kowal mieszkał. Dziura to w ziemi była, nie chata, ale się w niej żyło, i Taradaj z Taradajką przebyli w niej około pięćdziesięciu lat, biedując, harując z dnia na dzień, jak Bóg dał. Bywało gorąco, bywało zimno, czasem głodno, niekiedy wesoło – jak zwyczajnie na świecie. Taradaj chodził z siekierą, z kosą, z sierpem, Taradajka też z rękami gołymi do pielenia, z sierpem, z grabiami, jak tam przypadło. Zarabiali tyle, że głodu nie było.

Oszczędził się czasem grosz jaki, to trzeba było bieliznę sprawić, kożuchy odnowić, buty kupić, sukmanę, a czasem też i przepić, żeby o ciężkiej biedzie zapomnieć.

Baba w węzełku u spódnicy nosiła groszaki, dziad zawiązywał je w koszulę, a rzadko ich tam się uzbierało.

Najgorsza bywała zima, zwłaszcza gdy postarzeli, a Taradaj z siekierą już ledwie mógł chodzić i mniej zarabiał. Dziecka im Pan Bóg nie dał, cudze też nie miały ochoty do tej biedy przystać i siadywali tak sami, bo w chacie, okrom kota i starej kury chudej nie było nikogo.

Jednego wieczora baba, w piecu ogień rozpaliwszy, przygrzewała ranne kluski na wieczerzę, na dworze wiatr dął okrutny, dziad na ławie leżał i stękał.

– Oj, dołoż ty nasza! – mówił Taradaj. – Drugiemu się wszystko wiedzie jak po maśle, a tu człek calusieńkie życie męczył się, biedował, pocił, stękał i na starość nawet nic nie uciułał. Żeby choć przehulał, zostałaby pamięć, żeby zgrzeszył, pokutować by nie żal było, ano życie się przewlokło jak wóz po błocie i nie ma z niego nic. Teraz po kościach świdruje, dalej siły nie stanie, choć z głodu mrzeć.

Taradajka stojąc koło ognia, podparłszy głowę na ręku, dodała:

– Oj, co prawda, to prawda! Jak się nie wiedzie, to się nic nie powiedzie. Inni, nie pracując, z niczego szczęściem się podorabiali, my nic…

– Człek by już i diabłu duszę dał, żeby mu trochę lepiej było na świecie – rzekł Taradaj.

Baba się przeżegnała.

– Ano byś nie plótł pod złą godzinę, tfu! – krzyknęła.

Dziad się śmiał.

– Doskwierczyła, bo bieda!

– To pewna, że grosz by się zapaśny bardzo zdał! – westchnęła Taradajka. – Żeby choć po żebrach nie chodzić.

Wtem drzwi od sieni skrzypnęły. Dziad i baba ulękli się mocno i Taradaj z ławy się porwał.

– Kto tam?

Aż i od izby uchyliły się drzwi.

– Podróżny, zbłąkany – odparł jakiś głos niemiły, który Taradajkę od ognia aż odpędził. Zamilkli oboje.

Wszedł do izby jegomość, licho wie, do czego podobny, w kusym płaszczyku, w kapelusiku na głowie, jak grzybek przydeptany, w pluderkach ciasnych, z kijkiem w ręku, bo trochę na jedną nogę nakuliwał.

– A wy skąd? Co za jeden? – zapytał Taradaj.

Mężczyzna się obejrzał dokoła, kot zlazł zza pieca, podszedł do niego i o nogę mu się otarł.

– Jechałem do Czarnego Stawu – rzekł – konisko mi w drodze padło. Nie macie konia?

– Ani konia, ani kobyły, ani kozy nawet – rzekł Taradaj. Gość zmęczony przysiadł tymczasem na ławie.

– Daleko do Czarnego Stawu? – spytał.

– Ani znam, ani wiem – szepnął dziad, rad się pozbyć przybyłego, bo mu już kluski pachniały, a był głodny. – Idźcie do gospody, tam się lepiej dowiecie.

– Niech no spocznę, noga mnie boli – mruknął gość i dodał: – Coś tu około was ubożuchno.

– Jak widzicie – odezwał się Taradaj. – My zarobnicy jesteśmy, a nie szczęściło się nam.

– Cóż to? Dlaczego? – mówił podróżny.

– Albo ja wiem? – odparł, ramionami ruszając, Taradaj.

Baba, ośmieliwszy się, wylazła z kąta. Twarz gościa się jej nie podobała, uśmiech miał na ustach bardzo paskudny, ale do serca im zagadał.

– E, już to, co prawda – odezwała się – my to właśnie o tym gadali… dola! dola!… Ono to dola, a bywało, stary taki w gospodzie przepił i przehulał!

– Jakby ty była lepsza! – ofuknął dziad rozgniewany. Baba zamilkła.

– Jaki ty był, taka i ja być musiała. Hulało się, to się hulało, to i przehulało…

Gość się śmiał.

– A na starość – rzekł – nie zostało nic, ani na owinienie palca!

Zamilkli starzy oboje.

– Hę? – odezwał się podróżny. – Gdyby tak parę tysiączków złotych wam… co byście z nimi zrobili?

Obojgu się im oczy zaśmiały, popatrzeli na się.

– Co tam i gadać! – rzekł dziad.

Mężczyzna z ławy wstał nagle.

– Bardzo mi pilno do Czarnego Stawu – rzekł. – Spieszno. Gdybyście mnie na drogę tylko wyprowadzili, która mimo Wężowe Oko idzie do Hydkiego, tam bym już ja sobie poradził. A wiecie, litość mam nad wami, dam wam parę tysięcy czystym złotem, czerwońcami…

Starzy się czegoś ulękli.

– Et, żarty… – rzekł dziad.

– Nie żarty, kładę je na stole! – zawołał gość.

Baba się do dziada zbliżyła i szepnęła:

– Uchowaj, Boże! W drodze ci głowę ukręci.

Gość dosłyszał i rozśmiał się.

– Nie ukręcę – rzekł. – On sam ją sobie skręci i beze mnie, jak rozumu mieć nie będzie.

Taradajowi na myśl przyszło, że o diable gadał pod wieczór, i rzekł, spluwając:

– Ja duszy swej nie sprzedam!

– A po jakiego kata mi dusza twoja, głupi człowiecze! – zaczął się śmiać podróżny. – Ta to smród i paskudztwo... ja jej nie potrzebuję. Mam litość nad wami! Na, oto dwa tysiące, obrączkowymi. Prowadź mnie na drogę do Hydkiego!

I na stole począł kłaść dukat obok dukata, a złoto się tak świeciło, aż za oczy chwytało.

Strach był wielki, a pokusa większa jeszcze. Wyraźnie przecie powiedział, że duszy nie chce...

– No, dziejże się wola boża! – zawołał dziad, zgarniając dukaty i pośpiesznie wiążąc je w chustę, którą baba podała, a potem prędzej jeszcze niosąc do komory.

Natychmiast czapkę i kij pochwycił i stał gotów.

– Dziej się wola boża, poprowadzę was na drogę do Hydkiego!...

Podróżny jeszcze babie rzucił dukata, obwinął się płaszczykiem i już wyszedł, dziad tylko żonie głową kiwnął i wysunął się za nim.

Taradajka, zostawszy sama, stała długo jak osłupiała, przypatrywała się dukatowi to z jednej, to z drugiej strony. Zdało się jej, że to wszystko snem było.

– Sen mara, Pan Bóg wiara! – poczęła powtarzać, ale dukat trzymała w ręku; wzięła go w zęby... ani ugryźć.

Niepokój ją opanował, gdzie tę garść dukatów Taradaj schował. Chciała je zobaczyć, czy wszystkie były do tego podobne. Poleciała w skok do

komory, macnęła po dzieży, po kieszeni opończy wiszącej na kołku, do skrzynki – nigdzie dukatów.

Zapaliła łuczywo i poszła z nim szukać; opatrzyła wszystkie kąty – nigdzie nic.

Dziwnie się jej zrobiło.

– To bestia, dziadzisko przemierzłe, starzyna ta, gnój ten! Cóż to, bał się, żebym nie ukradła? Gdzie on to włożył?... Ano mu głowę zmyję, gdy powróci, popamięta!

Siadła Taradajka na ławie i poczęła myśleć.

„Co my z tymi pieniędzmi będziemy robili? Stary to zaraz do gospody pociągnie i pić będzie. Niedoczekanie! Toć nie jego pieniądze, ale nasze, już choćby połowę musi mi dać. To sprawiedliwość! Choćby na skargę przyszło iść!".

Wbiegła jeszcze raz do komory szukać i nie znalazła, a zła się zrobiła bardzo. Ogień przygasł, dorzuciła łuczywa.

– Co mamy sobie żałować! – rzekła.

Już kury piały, a Taradaj nie wracał. Baba zasnąć ani myślała: przyglądała się swojemu dukatowi, ciągle układała, co zrobić z pieniędzmi, i pilno jej było dziada doczekać a złajać go, jak zasłużył.

Drugie kury piały, gdy w sieniach drzwi skrzypnęły i dziad wszedł milczący, zmęczony, zmokły, a ławy dopadłszy, zawołał:

– Babo, jeść!

Kluski się pono aż popaliły, bo je dopiero teraz sobie przypomniała. Pilniejsze od klusek było łajanie starego.

– A gdzieżeś to pieniądze wetknął?! – zawołała. – Coś to wiary we mnie nie miał czy co? Zamiast je żonie oddać, toś licho wie gdzie wściubił. Ejże!

Pokazała mu pięść, a dziad ani nawet się zżymnął.

– Kluski! – zawołał. – To twoja rzecz, a pieniądze... moja!

– A zjadłbyś kaduka! – zakrzyczała baba, biorąc się w boki. – Albo to pieniądze twoje! Toć nasze, nie twoje! Nasze! Rozumiesz!

– Nieprawda! Moje! – rzekł dziad. – Tobie jednego czerwonego dał, to go sobie trzymaj, nie odbieram, a co moje, to moje, tego i nie powąchasz.

Baba krzyknęła na całe gardło:

– Tak to już?!

– Ano tak! A jakże miało być – począł dziad. – Albom to ja darmo tego czarnego biesa na rozstaje wodził po błocie i słocie, nogi zrywał i strachu się najadł?

Z wielkiego gniewu baba płakać poczęła, weszła do komory, zatrzasnęła drzwi za sobą i wołała przez nie:

– Schowałeś je tu, w komorze, nie chcesz się podzielić, podpalę chatę, niech pieniądze i ją, i ciebie licho bierze!

Dziad się śmiał.

– Jaka bo ty głupia! – począł. – Jam ich w komorze nie chował, trzymam je za pazuchą. Do komorym poszedł tylko, aby się podróżnemu zdało, żem je położył tu, bom się bał, aby mi ich po drodze nie odebrał. Pal chatę, spal się sama! A mnie co? Ja teraz o to nie dbam!

Usłyszawszy to, wyszła Taradajka spłakana. Poczęła już inaczej mówić, przypominając, jak to oni z sobą tyle lat przeżyli, tyle chleba i soli zjedli, jak on był niewdzięczny za to, że go tyle razy pielęgnowała w chorobie i gdy mu głowę w karczmie rozbito, itd.

Dziad trochę zmiękł.

– Daj no kluski! – rzekł. – Pogodzimy się. Juści ja pieniędzy nie połknę.

Podała baba kluski, ale sama ich nie tknęła. Gadali i gadali, resztę nocy nie kładąc się spać, a w końcu zaklęli się oboje, ażeby – uchowaj, Boże! – nikomu w świecie nie mówić o tych pieniądzach. Baba przyrzekła, a Taradaj też powtarzał:

– Albo ja głupi?

Z rana się jakoś wypogodziło, poszedł Taradaj do gospody na piwo. Miał tam starego jednego dobrego druha, Pasimuchę, poczciwe bardzo człowieczysko. Kazał mu dwa piwa postawić.

– Wiesz, stary – szepnął mu w ucho po drugiej półgarncówce – jakby ty się zaklął, że nikomu ani piśniesz, ja bym ci co zwierzył.

Zaklął się strasznie Pasimucha, bodaj sczezł, bodaj świata nie oglądał, bodaj roku nie dożył itd.

Naówczas Taradaj mu po cichu, ręką się zasłaniając, od A od Z opowiedział wszyściutko i na dowód pokazał dukata.

Pasimucha oczom nie wierzył, dukata w zęby wziął, próbował kąsać, głową kiwał i wyszli z gospody na gawędę za płoty.

Taradajka też, wyszedłszy z chaty, wprost pobiegła do kumy swej, do Opójduchowej, której dziecko było słabe. Poczęstowali ją krupnikiem, napiła się raz, słodki był, popiła drugi.

– A moja ty Opójduchowa serdeczna i stateczna, moja ty jedyna! Jakbyś ty mi się zaklęła na duszę, na zbawienie, że nikomu nie powiecie, to ja by wam coś osobliwego zwierzyła.

Opójduchowa uderzyła się w piersi kułakiem.

– Czy ty mnie nie znasz? Czy ty nie wiesz, że ja umiem język trzymać za zębami? A jużci się klnę na wszystko najświętsze!

Taradajka nachyliła się do jej ucha i wyspowiadała. Poczęły w ręce plaskać, a psy wieszać na dziadzie, że sobie skarb chciał przywłaszczyć.

Trzeciego czy czwartego dnia po wsi pletli różne rzeczy: że Taradaj ćwierci pożyczał w karczmie, na której smoły trochę było u dna, a gdy ćwiartkę odniósł, dukat znaleźli do niej przylgnięty. Inni mówili, że diabłu duszę sprzedał, inni, że stara kura niosła jaja dukatów pełne, a nareszcie, iż barana miał w komorze, który jak się strząsł, sypały się z niego czerwońce.

Przed Taradajem siaki taki czapkę zdejmował, czego nigdy dawniej nie bywało.

Staremu to pochlebiało i mówił sobie: „Nic nie wiedzą, ano takie nosy mają. Ho, ho!”.

Chodził teraz z rękami w kieszeniach, czapką na bakier.

Najgorsza była rzecz, że wieczorami z babą dzień w dzień się kłócili, co z pieniędzmi robić.

Ona co innego chciała, on co innego. Krowy jej było trzeba koniecznie, jemu – konia i wozu. Dalej grunt by byli kupili. Dziad, rozumniejszy, głową trząsł.

– Jak ludzie zobaczą, że grosz mamy, pokoju nie będzie, trzeba tak żyć, jakbyśmy go nie mieli.

– A na cóż on nam się zdał? – mówiła baba.

– Na czarną godzinę.

– Toć już czarniejsza być nie może jak dziś.

– E, co ty, głupia babo, wiesz! – kończył Taradaj. – Hm... jeszcze bym sobie młodą żonkę wziął i gospodarstwo prowadził...

– Żeby nie ten stary dziad, co mi życie zawiązał – szeptała Taradajka – żebym takie pieniądze miała! A toć ja od niego o lat piętnaście młodsza jestem, jeszcze bym za parobka wyszła za mąż, jak należy, i trochę świata skosztowała...

Oboje starzy, co z sobą żyli mało nie pół wieku, dla tych pieniędzy znienawidzili się i jak tylko spotkali, ząb za ząb gryźli.

– A bodajbym była...

– A bodajbym był... kiedym się z tobą żenił.

Pewnego dnia do tego przyszło, że dziad babę z chaty wygonił.

Poszła, płacząc; został sam.

Pod wieczór jakoś mu było nieraźno. Otworzył drzwi, popatrzył, czy jej nie ma, parę razy kaszlnął głośno – ani słychu.

Czekał do późnej nocy – nie wróciła. Wstał, zły i na siebie, i na nią. Do Opójduchowej poszedł szukać, tam jej nie było, w gospodzie też, na wsi nie widział nikt.

Dziadowi zrobiło się na sercu bardzo smutno.

„Uchowaj, Boże, stanie się co, na sumieniu będę miał!" – rzekł do siebie.

Baba tymczasem, pożegnawszy przyjaciółkę, po żebraninie się powlokła. Wprawdzie Pasimucha przesiadywał u Taradaja po całych dniach, ale to nie pomagało. Przyszły i inne kłopoty, ludzie o pieniądzach się dowiedzieli, ten i ów zaglądał, posądzono dziada o kradzież, o rabunek, nareszcie zamknięto do kłody*. Szczęściem pieniądze wprzódy w ziemi zakopał.

Dostawszy się do ciupy, Taradaj już był tak nieszczęśliwy, że włosy sobie darł z głowy.

– A niechajby te przeklęte pieniądze licho brało! – wołał.

Przeszedł miesiąc czy więcej, dziada nie wypuszczono. Opójduchowa poszła na odpust, patrzy, siedzi z garnuszkiem Taradajka, rękę wyciągnęła i żebrze:

– Za duszyczki znikąd ratunku niemające!

– Miły Boże, a toć ona! – zawołała. – A wiecie, co się z waszym stało? Toć siedzi zamknięty już czy nie osiem niedziel…

Taradajka rozpłakała się, wzięła kij i poszła wprost z odpustu pod ciupę. Musiała dać kilka szelągów, aby ją wpuścili do męża. Gdy spojrzeli na siebie, popłakali się oboje.

– A bodaj my ich byli nie widzieli! – począł dziad. – Bodajby ja ich nie oglądał na oczy moje! Diabelski to dar i nieszczęście przyniósł z sobą. Byle mnie puścili, rzucę na dno do studni!

Poszła Taradajka za mężem prosić i jakoś go uwolnili.

W dobrej zgodzie powlekli się do domu.

– Co wy macie rzucać tyle złota do studni? – odezwała się baba. – Toć szkoda. Kupujmy, jedzmy i pijmy, co wlezie, to się ich pozbędziemy rychło i tyle.

– Niech i tak będzie – odparł dziad.

....

* Kłoda – początkowo pień drzewa rozpiłowany wzdłuż, później dwie belki, z wycięciami na ręce lub nogi, służący do unieruchamiania złoczyńców lub jeńców.

Wprost tedy na ogród szli za chatę, gdzie pieniądze były zakopane.

Dziad kroki wymierzył. Miejsce znalazłszy, patrzy: dołek wykopany, a w dołku coś wcale do pieniędzy niepodobnego…

W ręce plasnęli oboje – pieniędzy nie było.

Wieczorem siedzieli oboje pochmurni, nazajutrz mówią, że Taradaj się obwiesił na gruszy, a żona znikła ze wsi bez wieści.

Pasimucha tylko opowiadał w gospodzie, na jakie to sztuki się diabeł bierze, gdy się na kogo zasadzi.

– Żeby był nie powiedział głupiego słowa w złą godzinę – mówił, wzdychając – po dziś dzień byliby żyli i biedę klepali.

– Mój Pasimucho – odpowiadał na to zwykle Żubr, sąsiad jego – żeby głupiego człeka zgubić, na to diabła nie trzeba, dosyć trochę pieniędzy.

Kwiat paproci

Od wieków wiecznych wszystkim wiadomo, a szczególniej starym babusiom, które o tym szeroko a dużo opowiadają wieczorem przy kominie, gdy się na nim drewka jasno palą i wesoło potrzaskują, że nocą św. Jana, która najkrótsza jest w całym roku, kwitnie paproć, a kto jej kwiatuszek znajdzie, urwie i schowa, to wielkie na ziemi szczęście mieć będzie.

Bieda zaś cała z tego, że noc ta jest tylko jedna w roku, a taka niezmiernie krótka, i paproć w każdym lesie tylko jedna zakwita, a to w takim zakątku, tak ukryta, że nadzwyczajnego trzeba szczęścia, aby na nią trafić.

Ci, co się na tych cudowiskach znają, mówią jeszcze i to, że droga do kwiatu bardzo jest trudna i niebezpieczna, że tam różne strachy przeszkadzają, bronią, nie dopuszczają i nadzwyczajnej odwagi potrzeba, aby zdobyć ten kwiat.

Dalej jeszcze powiadają, że sam kwiatek w początku rozeznać trudno, bo się wydaje maleńki, brzydki, niepozorny, a dopiero urwany przemienia się w cudownej piękności i jasności kielich.

Że to tak bardzo trudno dojść do tego kwiatuszka i ułapić go, że mało kto go oglądał, a starzy ludzie wiedzą o nim tylko z posłuchów, więc każdy powiada inaczej i swego coś dorzuca.

Ale to przecież pewna, że nocą świętojańską on kwitnie, krótko, póki kury nie zapieją, a kto go zerwie, ten już będzie miał, co zechce. Pomyśli tedy sobie choćby najcudowniejszą rzecz – ziści mu się wnet.

Wiadomo także, iż tylko młody może ten kwiat dostać, i to rękami czystymi. Stary człowiek, choćby nań trafił, to mu się w palcach w próchno rozsypie.

Tak ludzie bają, a w każdej baśni jest ziarenko prawdy, choć obwijają ludzie w różne szmatki to jąderko, że często go dopatrzeć trudno, ale takie ono jest.

I z tym kwiatkiem to jedno pewna, że on nocą św. Jana zakwita.

Pewnego czasu był sobie chłopak, któremu na imię było Jacuś, a we wsi przezywali go ciekawym, że zawsze szperał, szukał, słuchał, a co było najtrudniej dostać, on się najgoręcej do tego garnął, taką już miał naturę. Co pod nogami znalazł, po co tylko ręką było sięgnąć – to sobie lekceważył, za ba-i-bardzo miał, a o co się musiał dobijać, karku nadłamać – najwięcej mu smakowało.

Trafiło się tedy raz, że gdy wieczorem przy ogniu siedzieli, a on sobie kij kozikiem wyrzynał, chcąc koniecznie psią głowę na nim posadzić, stara Niemczycha, baba okrutnie rozumna, która po świecie bywała i znała wszystko, poczęła powiadać o tym kwiecie paproci.

Ciekawy Jacuś słuchał i tak się zasłuchał, że mu aż kij z rąk wypadł, a kozikiem sobie omal palców nie pozarzynał.

Niemczycha o kwiecie paproci rozpowiadała tak, jakby go sama w żywe oczy widziała, choć po jej łachmanach szczęścia nie było znać. Gdy skończyła, Jacuś powiedział sobie: „Niech się dzieje, co chce, a ja kwiat ten dostać muszę. Dostanę go, bo człowiek, kiedy chce mocno, a powie sobie, że musi to być, zawsze w końcu na swoim postawi".

Jacuś to często powtarzał i takie miał głupie przekonanie.

Tuż pod wioską, w której stała chata rodzicieli Jacusia, z ogrodem i polem, był niedaleko las i pod nim właśnie obchodzono sobótki, a ognie palono w noc świętojańską.

Powiedział sobie Jacuś: „Gdy drudzy będą przez ogień skakali i łydki sobie parzyli, pójdę w las, znajdę ten kwiat paproci. Nie uda mi się jednego roku, pójdę na drugi, na trzeci, i będę chodził dopóty, aż go wyszukam, i zdobędę".

Przez kilka miesięcy potem czekał, czekał na tę noc, i o niczym nie myślał, tylko o tym. Czas mu się strasznie długi wydawał.

Na ostatek nadszedł dzień, zbliżyła się noc, której on tak wyglądał, ze wsi wszystka młodzież się wysypała ognie palić, skakać, śpiewać i zabawiać się.

Jacuś się umył czysto, wdział koszulinę białą, pasik czerwony nowy, łapcie lipowe nienoszone, czapeczkę z pawim piórkiem, i jak tylko pora nadeszła, a zmrok zapadł, szmyrgnął do lasu.

Las stał czarny, głuchy, nad nim noc ciemna z mrugającymi gwiazdkami, które świeciły, ale tylko sobie, bo z nich ziemi nie było pożytku.

Znał Jacuś dobrze drogę w głąb lasu po dniu i jaką ona bywała w powszedni czas. Teraz, gdy się zapuścił w głąb, osobliwsza rzecz, nie mógł ani wiadomej drogi znaleźć, ani drzew rozpoznać. Wszystko było jakieś inne. Pnie drzew zrobiły się ogromnie grube, powalone na ziemię. Kłody powyrastały tak, że ani ich obejść, ani przez nie przeleźć, krzaki się znalazły gęste a kolące, jakich tu nigdy nie bywało, pokrzywy piekły, osty kąsały. Ciemno choć oczy wykol, a wśród tych mroków gęstych coraz to zaświeci para oczu jakichś i patrzą na niego, jakby go zjeść chciały, a mienią się żółto, zielono, czerwono, biało i nagle migną, i gasną. Oczu tych na prawo, na lewo, w dole, na górze, pokazywało się mnóstwo, ale Jacuś się ich nie ulakł. Wiedział, że one go tylko nastraszyć chciały, i pomrukiwał, że to strachy na Lachy.

Szedł dalej, ale co to była za ciężka sprawa z tym chodem! To mu kłoda drogę zawaliła, to on przez nią się przewalił. Drapie się, drapie, a gdy na wierzch wlazł i ma się spuścić, patrzy, a ona się zrobiła taka mała, że mógł ją nogą przestąpić.

Dalej stoi na drodze sosna: w górze końca jej nie ma, dołem pień jak wieża gruby. Idzie wkoło niego, idzie, aż gdy obszedł, patrzy – a to patyk taki cienki, że go na kij wyłamać by można…

Zrozumiał tedy, że to wszystko było zwodnictwo nieczystej siły.

Potem stanęły na drodze gąszcze takie, że ani palca przecisnąć, ale Jacuś jak się rzucił, pchnął, zamachnął, zdusił je, zmiętosił, połamał i przedarł się szczęśliwie…

Idzie, aż moczar i błoto. Obejść ani sposób, spróbował nogą – grzęźnie, że ani dna dostać. Gdzieniegdzie kępiny wystają, więc on z kępy na kępę. Co stąpi na którą, to mu się ona spod stóp wysuwa, ale jak począł biec, dostał się na drugą stronę błota. Patrzy za siebie, aż kępiny wyglądają gdyby ludzkie głowy z błota i śmieją się… Dalej już, choć kręto i bez drogi, szło mu łatwiej, tylko się tak obłąkał, że gdyby mu przyszło powiedzieć, którędy nazad do wsi, już by nie umiał rozpoznać, w której stronie leżała.

Wtem patrzy: przed nim ogromny krzak paproci, ale taki jak dąb najstarszy, a na jednym liściu jego u spodu świeci się gdyby brylant kwiatuszek jak przylepiony… Pięć w nim listków złotych, w środku zaś oko śmiejące się, a tak obracające ciągle jak młyńskie koło… Jacusiowi serce uderzyło, rękę wyciągnął i już miał pochwycić kwiat, gdy nie wiedzieć skąd – jak kogut zapiał. Kwiatek otworzył wielkie oko, błysnął nim i – zgasnął. Śmiechy tylko dały się słyszeć dokoła, ale czy to liście szemrały tak, czy się co śmiało, czy żaby skrzeczały, tego Jacuś rozpoznać nie mógł, bo mu się w głowie zawieruszyło, zaszumiało, nogi jakby kto podciął i zwalił się na ziemię.

Potem już nie wiedział, co się z nim stało, aż się znalazł w chacie na pościeli, a matka, płacząc, mówiła mu, że szukając go po lesie, nad ranem półżywego znalazła.

Jacuś sobie teraz wszystko dobrze przypominał, ale do niczego się nie przyznał. Wstyd mu było. Powiedział sobie tylko, że na tym nie koniec, przyjdzie drugi św. Jan, zobaczymy…

Przez cały rok tylko o tym dumał, ale żeby się ludzie z niego nie naśmiewali, nikomu nic nie mówił. Znowu tedy umył się czysto, koszulę włożył białą, pasik czerwony, łapcie lipowe nienoszone i gdy drudzy do ognisk szli, on w las.

Myślał, że znowu mu przyjdzie się przedzierać jak pierwszym razem, aż ten sam las i taż sama droga zrobiła się zupełnie inną. Wysmukłe sosny i dęby stały porozstawiane szeroko, na gołym polu kamienia-

mi posianym… Od jednego drzewa do drugiego iść było potrzeba, iść i choć zdawało się tuż blisko, nie mógł dojść, jakby uciekały od niego, a kamienie ogromne, mchem całe porosłe, śliskie, choć leżały nieruchome, jakby z ziemi wyrastały. Pomiędzy nimi paproci stało różnej: małej, dużej, jak zasiał, ale kwiatu na żadnej. Z początku paproci było po kostki, potem do kolan, aż w pas, dalej po szyję i utonął w niej nareszcie, bo go przerosła… Szumiało w niej jak na morzu, a w szumie niby śmiech słychać było, niby jęk i płacze. Na którą nogą stąpił – syczała, którą ręką pochwycił – jakby z niej krew ciekła…

Zdawało mu się, że szedł rok cały, tak długą wydała mu się ta droga. Kwiatu nigdzie… Nie zawrócił się jednak i nie stracił serca, a szedł dalej.

Na ostatek… patrzy: świeci z dala ten sam kwiatek, pięć listków złotych dokoła, a w pośrodku oko obraca się jak młyn…

Jacuś podbiegł, rękę wyciągnął – znowu kury zapiały i znikło widzenie.

Ale już teraz nie padł ani omdlał, tylko siadł na kamieniu. Z początku na łzy mu się zbierało, potem gniew w sercu poczuł i zburzyło się w nim wszystko.

– Do trzech razy sztuka! – zawołał z gniewem. A że zmęczonym się czuł, położył się między kamienie na mchu i zasnął.

Ledwie oczy zmrużył, gdy mu się marzyć poczęło. Patrzy, stoi przed nim kwiatek o listkach pięciu, z oczkiem pośrodku, i śmieje się.

– A co, masz już dosyć? – mówi do niego. – Będziesz ty mnie prześladował?

– Com raz powiedział, to się musi stać – mruknął Jacuś. – Na tym nie koniec, będę cię miał!

Jeden listek kwiatka przedłużył się jak języczek i Jacusiowi się wydało, jakby mu na przekorę się pokazał, potem znikło wszystko i spał snem twardym do rana. Gdy się obudził, znalazł się w znajomym miejscu na skraju lasu, niedaleko od wioski, i sam nie wiedział już, czy to, co wczoraj było, snem miał zwać czy jawą. Powróciwszy do chaty, zmęczonym się tylko czuł tak, że położyć się musiał i matuś mówiła mu, że wyglądał jak z krzyża zdjęty.

Przez cały rok, nic nie mówiąc nikomu, myślał ciągle, jak by tego dokazać, żeby kwiat dostać? Nie mógł jednak nic wydumać, trzeba było spuścić się na szczęście swoje, na dolę lub niedolę.

Wieczorem znowu koszulę wdział białą, pasik czerwony, łapcie nie-noszone i choć go matka nie puszczała, jak tylko ściemniało, pobiegł do lasu.

Stała się znowu inna rzecz: las był taki jak zawsze pospolitych dni, nic się już w nim nie mieniło. Ścieżki i drzewa były znajome, żadnego cudowiska nie spotykał, a paproci nigdzie ani na lekarstwo. Ale lżej mu było wiadomymi ścieżkami dostać się daleko, daleko w gąszcze, gdzie pamiętał dobrze, że paprocie rosły… Znalazł je na miejscu i nuż w nich grzebać, ale kwiatu nigdzie ani śladu.

Po jednych łaziły robaki, na drugich spały gąsienice, innych liście były poschłe. Już miał Jacuś z rozpaczy porzucić daremne szukanie, gdy tuż pod nogami zobaczył kwiatek. Pięć listków miał złotych, a w środku oko świecące. Wyciągnął rękę i pochwycił go. Zapiekło go jak ogniem, a nie rzucił, trzymał mocno.

Kwiat w oczach rosnąć mu poczynał, a taką jasność miał, że Jacuś musiał powieki przymknąć, bo go oślepiała. Wcisnął go zaraz za pazu-chę, pod lewą rękę na serce… Wtem głos się odezwał do niego:

– Wziąłeś mnie, szczęście to twoje, ale pamiętaj o tym, że kto mnie ma, ten wszystko może, co chce, tylko z nikim i nigdy swoim szczęś-ciem dzielić mu się nie wolno…

Jacusiowi tak się w głowie z wielkiej radości zaćmiło, że niewiele na ten głos zważał.

„A! co mi tam! – rzekł w duchu. – Byle mnie na świecie dobrze było".

Poczuł zaraz, że mu ów kwiat do ciała przylgnął i w serce zapuścił korzonki… Ucieszył się z tego bardzo, bo się nie obawiał, aby uciekł al-bo mu go odebrano.

Z czapeczką na bakier, podśpiewując, powracał nazad. Droga przed nim świeciła jak pas srebrny, drzewa się ustępowały, krzaki odchylały, kwiaty, które mijał, kłaniały mu się do ziemi. Z głową podniesioną stąpał i tylko roił, czego ma żądać. Zachciało mu się naprzód pałacu, wioski ogromnej, służby licznej i strasznego państwa – no i ledwie o tym pomyślał, gdy znalazł się u kraju lasu, ale w okolicy zupełnie mu nieznanej.

Spojrzawszy sam na siebie, poznać się nie mógł. Ubrany był w suknie z najprzedniejszej sajety*, buty miał na nogach ze złotymi podkówkami, pas sadzony, koszulę z najcieńszego śląskiego płótna.

Tuż stał powóz, koni białych sześć w chomątach pozłocistych, służba w galonach, kamerdyner rękę mu podał, kłaniając się, wsadził do karety – i wio!

Jacuś nie wątpił, że do pałacu go wiozą, jakoż tak się stało. W mgnieniu oka powóz był u ganku, na którym służba liczna czekała.

Tylko ani znajomego nikogo, ani przyjaciela; twarze wszystkie nieznane, osobliwe, jakby przestraszone i pełne trwogi.

Miał za to na co patrzeć, wszedłszy do środka! Strach, co to był za przepych i jaki dostatek – tylko ptasiego mleka brakło.

– No, będęż teraz używał! – mówił Jacuś i opatrzywszy kąty wszystkie, naprzód poszedł do łóżka, bo go sen brał, po tej nocy pracowitej. W puchu, jak legł na bieliźnie cieniuśkiej, przykrywszy się kołdrą jedwabną i gdy usnął, sam nie wiedział, ile godzin tam przeleżał. Obudził się, gdy mu się strasznie jeść zachciało.

Stół był zastawiony, gotowy i taki osobliwy, że co Jacuś pomyślał, to mu się na półmisku sunęło samo. I jak spał bardzo długo, tak teraz, począwszy jeść a popijać, nie przestał, aż dalej już nie było co wymyślić i smak stracił do jadła.

Szedł potem do ogrodu.

----

* Sajeta – cienkie sukno.

Cały on był zasadzony takimi drzewami, na których kwiatów było pełno, razem i owoców; a coraz to nowe odkrywały się widoki. Z jednej strony ogród przypierał do morza, z drugiej do lasu wspaniałego; środkiem płynęła rzeka. Jacuś chodził, usta otwierał, dziwił się, a najbardziej to mu się wydawało niezrozumiałym, że nigdzie swojej znajomej okolicy – ani tego lasu, z którego wyszedł, ani wioski – dopatrzeć się nie mógł. Nie zatęsknił jeszcze za nimi, ale ot, tak jakoś chciało mu się wiedzieć, gdzie się one podziały.

Wokoło otaczał go świat zupełnie mu obcy, inny, piękny, wspaniały, ale nie swój. Jakoś mu zaczynało być markotno. Na zawołanie jednak, gdy się ludzie zbiegać zaczęli a kłaniać mu nisko, a co tylko zażądał, spełniać i prawić mu takie słodycze, że po nich tylko się było oblizywać – Jacuś o wsi rodzinnej, o chacie i rodzicach zapomniał.

Nazajutrz zaprowadzono go na żądanie do skarbca, gdzie stosami leżało złoto, srebro, diamenty i takie różne malowane papiery szczególne, za które można było dostać, co dusza zapragnęła, choć były zrobione z prostych gałganków jak każdy papier inny.

Pomyślał sobie Jacuś: „Miły Boże, gdybym to ja mógł garść jedną albo drugą posłać ojcu i matusi, braciom i siostrom, żeby sobie pola przykupili albo chudoby!". Ale wiedział o tym, że jego szczęście takie było, iż mu się z nikim dzielić nim nie godziło, bo zaraz by wszystko przepadło.

„Mój miły Boże! – rzekł sobie w duchu. – Co ja mam się o kogo troszczyć albo koniecznie pomagać; czy to oni rozumu i rąk nie mają? Niechaj każdy sobie idzie i szuka kwiatu, a daje radę jak może, aby mnie dobrze było".

I tak żył sobie Jacuś dalej, wymyślając coraz to co nowego na zabawę.

Więc budował coraz nowe pałace, ogród przerabiał, konie siwe zmieniał na kasztanowate, a kare na bułane, posprowadzał dziwów z końca świata, stroił się w złoto i drogie kamienie, do stołu mu przywozili przysmaki zza morza, aż w końcu sprzykrzyło się wszystko. Więc po

pulpetach jadł surową rzepę, a po jarząbkach schab wieprzowy i karto-
fle, a i to się przejadło, bo głodu nigdy nie znał.

Najgorzej z tym było, że nie miał co robić, bo mu nie wypadało ani
siekiery wziąć, ani grabi i rydla. Nudzić się zaczynał wściekle, a na to
innej rady nie znał, tylko ludzi męczyć, to mu robiło jaką taką rozryw-
kę, a i ta w końcu się uprzykrzyła…

Upłynął tak rok i drugi – wszystko miał, czego dusza zapragnęła,
a szczęście to mu się wydawało czasem tak głupie, że mu życie brzydło.

Najwięcej go teraz gnębiła tęsknica do wioski swojej, do chaty i rodziców, żeby ich choć zobaczyć, choć dowiedzieć się, co się tam z nimi dzieje… Matkę kochał bardzo, a jak ją wspomniał, serce mu się ściskało.

Jednego dnia zebrało mu się na odwagę wielką – i siadłszy do powo-
zu, pomyślał, aby się znalazł we wsi przed chatą rodziców. Natychmiast
konie ruszyły, leciały jak wiatr i nie opatrzył się, gdy zatrzymały się przed
znanym mu dobrze podwórkiem. Jacusiowi łzy się z oczu puściły.

Wszystko to było takie, jak porzucił przed kilku latami, ale postarza-
łe, a po tych wspaniałościach, do których nawykł, jeszcze mu się nędz-
niejszym wydawało.

Żłób stary przy studni, pieniek, na którym drewka rąbał, wrotka od
dziedzińca, dach porosły mchami, drabina przy nim – stały jak wczoraj. A ludzie?

Z chaty wychyliła się stara przygarbiona niewiasta, w zasmolonej koszuli, z obawą spoglądając na powóz, który się przed chatą zatrzymał.

Jacuś wysiadł; pierwszy spotykający go w podwórku był stary Burek,
jeszcze chudszy niż był niegdyś, z sierścią najeżoną. Szczekał na niego
zajadle, przysiadając na tyle i ani myślał poznać.

Jacuś postąpił ku chacie, w progu jej, wsparta o uszak* drzwi, stała
matka, wlepiając w niego oczy, ale i ta nie zdawała się w nim swojego
rodzonego domyślać.

* Uszak – rama drzwi lub okna umocowana w ścianie.

„Nie ma szczęścia dla człowieka, jeżeli się nim z drugim podzielić nie może!".

Rok nie upłynął, aż Jacuś wysechł jak szczypa, wyżółkł jak wosk – i w tym swoim dostatku i szczęściu męczył się nie do zniesienia. W końcu po jednej nocy bezsennej, nakładłszy złota w kieszenie, kazał się wieźć do chaty.

Miał to postanowienie: choćby wszystko stracił – a matkę i rodzeństwo poratować.

– Niech się już dzieje, co chce! – mówił. – Niech ginę… dłużej z tym robakiem w piersi żyć nie mogę.

Stanęły konie przed chatą.

Wszystko tu było jak przedtem: żłób stary u studni, pieniek, dach, drabina – ale w progu chaty żywej duszy nie było…

Jacuś pobiegł do drzwi – stały kołkiem podparte. Zajrzał przez okno – chata była pusta.

Wtem żebrak stojący u płotu wołać nań zaczął:

– A czego tam szukacie, jasny panie… Chata pusta, wszystko w niej wymarło z biedy, z głodu i choroby.

Jakby skamieniały stał ów szczęśliwiec u progu. Stał, stał…

„Z mojej winy zginęli oni – rzekł w duchu. – Niechże i ja ginę!".

Ledwie to rzekł, gdy ziemia się otworzyła i zniknął. A z nim ów nieszczęsny kwiat paproci, którego dziś już próżno szukać po świecie.

Maria Konopnicka

(1842–1910)

POJEDZIEMY W CUDNY KRAJ

Patataj, patataj,
Pojedziemy w cudny kraj!

Tam gdzie Wisła modra płynie,
Szumią zboża na równinie.

Pojedziemy patataj…
A jak zowie się ten kraj?

A CO WAM ŚPIEWAĆ...

A co wam śpiewać, laleczki?
Bo umiem różne piosneczki:
Takie piosneczki i pieśni,
O jakich lalkom się nie śni!

Umiem piosenki znad łąki,
Tak jak je nucą skowronki,
Kiedy piórkami szarymi
Pod niebo lecą od ziemi,
Nad ziemią lecą i dzwonią
Nad polem naszym, nad błonią.

Umiem piosenkę jaskółki,
Gdy lata koło rzeczułki
I wdzięcznym głoskiem coś nuci,
Czy się weseli, czy smuci,
Albo na gniazdko gdy leci
I śpiewa do snu dla dzieci.

Umiem piosenkę żniwiarzy,
Gdy pot im ścieka po twarzy,
A oni, brzęcząc w swe kosy,
Tną żyto srebrne od rosy
I głos roznoszą daleki,
Aż echo wtórzy od rzeki.

A chcecie piosenek wieczoru:
Gdy idą owce z ugoru
I krówka z rżyska łaciata…
Gdy trzaska stary Jan z bata.
A ponad wszystkim fujarka
Dźwięczy małego owczarka.

O, u nas piosenek bez liku!
Tyle, co kropel w strumyku,
Tyle, co liści na drzewie,
A skąd się biorą, nikt nie wie.
Tak już w powietrzu ot, płyną
Nad naszą wioską jedyną.

A co wam śpiewać, laleczki?
Bo umiem różne piosneczki –
Takie piosneczki i pieśni,
O jakim lalkom się nie śni!

O CZYM PTASZEK ŚPIEWA

A wiecie, wy dzieci,
O czym ptaszek śpiewa,
Kiedy wiosną leci
Między nasze drzewa?

Oj, śpiewa on wtedy
Piosenkę radosną:
„Przeminęły biedy,
Gaj się okrył wiosną!".

Oj, śpiewa on sobie
Z tej wielkiej uciechy,
Że do gniazda wraca,
Do swej miłej strzechy.

Latał on za góry,
Latał on za morza…
Za nim ciężkie chmury,
Przed nim złota zorza.

Teraz się zmieniła
Pogoda na świecie;
Nasza wiosna miła
Odziała się w kwiecie…

Tak i dola nasza,
Choć nam się zasmuci,
Wróci nam z piosenką,
Z słoneczkiem nam wróci!…

KUKUŁECZKA

Po tym ciemnym boru
Kukułeczka kuka,
Z ranka do wieczora
Gniazdka sobie szuka.
Kuku! Kuku!
Gniazdka sobie szuka.

– A ty, kukułeczko,
Co na drzewach siadasz,
Jakie ty nowiny
W lesie rozpowiadasz?
Kuku! Kuku!
W lesie rozpowiadasz?

– Leciałam ja w maju
Z ciepłego wyraju,
Zagubiłam w drodze
Ścieżynkę do gaju!
Kuku! Kuku!
Ścieżynkę do gaju!

Zagubiłam ścieżkę
Do gniazdeczka mego,
Teraz latam, kukam,
Ot, już wiesz, dlaczego.
Kuku! Kuku!
Ot, już wiesz, dlaczego.

NASZE KWIATY

Jeszcze śnieżek prószy,
Jeszcze chłodny ranek,
A już w cichym lesie
Zakwita sasanek.

A za nim przylaszczka
Wychyla się z pączka
I mleczem się żółtym
Złoci cała łączka.

I dłużej już dzionka,
I bliżej słoneczka…
A w polu się gwieździ
Biała stokroteczka.

A dalej fijołki,
Wskroś trawy, pod rosą,
W świeżych swych czareczkach
Woń przesłodką niosą.

A tuż ponad strugą,
Co wije się kręta,
Niezapominajka
Otwiera oczęta.

A w gaju, wśród liści,
W wilgotnej ustroni,
Konwalia bieluchna
W dzwoneczki swe dzwoni.

A wyjdziesz drożyną
Z gaiku na pole,
To spotkasz modraki,
Ostróżki, kąkole…

I maczek tam wilczy
Kraśnieje wśród żyta,
I różą krzak głogu
Na miedzy zakwita.

A ścieżką zieloną,
Co z górki zstępuje,
Srebrzysty powoik
Po świecie wędruje…

Oj, ziemio ty droga,
Ty boży zielniku!
I w polach, i w łąkach
Masz kwiecia bez liku!

CO SŁONKO WIDZIAŁO

Cały dzionek słonko
Po niebie chodziło,
Czego nie widziało!
No co nie patrzyło!

Widziało nasz domek,
Jak się budzi rankiem,
Jak Magda na pole
Niesie mleko dzbankiem...

Jak Wojtek wyciąga
Ze studni żurawia,
Jak się mały Janek
Z Wiernusiem zabawia...

Widziało, jak owczarz
Pędzi owce siwe,
Jak Antek Karemu
Rozczesuje grzywę...

Widziało gołąbki,
Jak na dach nasz lecą
I trzepią w skrzydełka,
I pod zorzę świecą.

Widziało, jak Zosia
Z kluczykami chodzi,
Jak liźnie śmietany,
Choć się to nie godzi…

Widziało, jak Kuba
Pługiem w polu orze,
Jak wołki pogania,
Żeby było zboże…

Widziało pod lasem,
Jak się pasą krowy,
Jak tam pokrzykuje
Nasz ciołeczek płowy…

Widziało, jak Kasia
Biały ser ogrzewa,
Jak Stach konie poi,
A gwiżdże, a śpiewa…

Widziało, jak wszyscy
Po pracy zasiedli
I z misy głębokiej
Łyżkami barszcz jedli.

TĘCZA

A kto ciebie, śliczna tęczo,
Siedmiobarwny pasie,
Wymalował na tej chmurce
Jakby na atłasie?

– Słoneczko mnie malowało
Po deszczu, po burzy;
Pożyczyło sobie farby
Od tej polnej róży.

Pożyczyło sobie farby
Od kwiatów z ogroda;
Malowało tęczę – na znak,
Że będzie pogoda!

CHOINKA W LESIE

A kto tę choinkę
Zasiał w ciemnym lesie?
– Zasiał ci ją ten wiaterek,
Co nasionka niesie.

– A kto tę choinkę
Ogrzał w ciemnym borze?
– Ogrzało ją to słoneczko
Z niebieskiego dworu.

– A kto tę choinkę
Poił w ciemnym gaju?
– Jasne ją poiły rosy
I woda z ruczaju.

– A kto tę choinkę
Wyhodował z ziarna?
– Wychowała ją mateńka,
Ziemia nasza czarna!

ŚWIERSZCZYK

Wicher wieje, deszcz zacina,
Jesień, jesień już!
Świerka świerszczyk zza komina,
Naszej chatki stróż.

Świerka świerszczyk co wieczora
I nagania nas;
– Spać już, dzieci, spać już pora,
Wielki na was czas!

– Mój świerszczyku, bądźże cicho,
Nie dokuczaj nam…
To uparte jakieś licho,
Śpijże sobie sam!

A my komin obsiądziemy
Dokolutka wnet,
Słuchać będziem tego dziadka,
Co był w świecie – het!

Siwy dziadek wiąże sieci,
Prawi nam – aż strach!
Aż tu wicher wskroś zamieci
Bije o nasz dach!

Dziadek dziwy przypomina,
Prędko płynie czas;
Próżno świerszczyk zza komina
Do snu woła nas!

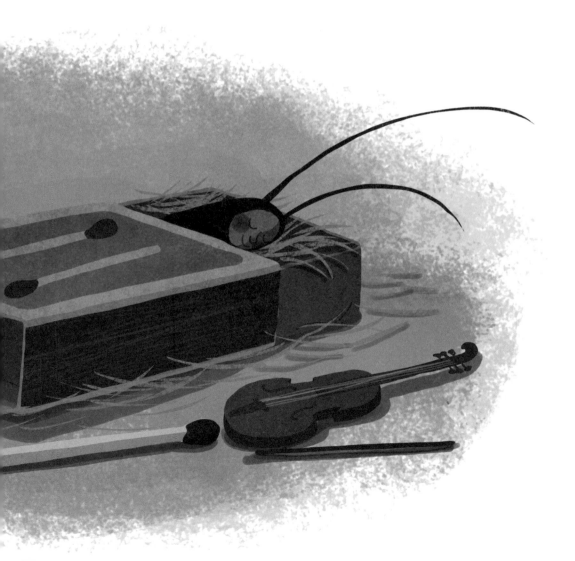

JESIENIĄ

Jesienią, jesienią
Sady się rumienią;
Czerwone jabłuszka
Pomiędzy zielenią.

Czerwone jabłuszka,
Złociste gruszeczki
Świecą się jak gwiazdy
Pomiędzy listeczki.

– Pójdę, ja się pójdę
Pokłonić jabłoni,
Może mi jabłuszko
W czapeczkę uroni!

Pójdę ja do gruszy,
Nastawię fartuszka,
Może w niego spadnie
Jaka śliczna gruszka!

Jesienią, jesienią
Sady się rumienią;
Czerwone jabłuszka
Pomiędzy zielenią.

ZŁA ZIMA

Hu! hu! ha! Nasza zima zła!
Szczypie w nosy, szczypie w uszy,
Mroźnym śniegiem w oczy prószy,
Wichrem w polu gna!
Nasza zima zła!

Hu! hu! ha! Nasza zima zła!
Płachta na niej długa, biała,
W ręku gałąź oszroniała,
A na plecach drwa…
Nasza zima zła!

Hu! hu! ha! Nasza zima zła!
A my jej się nie boimy,
Dalej śnieżkiem w plecy zimy,
Niech pamiątkę ma!
Nasza zima zła!

RZEKA

Za tą głębią, za tym brodem,
Tam stanęła rzeka lodem;
Ani szumi, ani płynie,
Tylko duma w swej głębinie:

Gdzie jej wiosna,
Gdzie jej zorza?
Gdzie jej droga
Het, do morza?

Oj, ty rzeko, oj, ty sina,
Lody tobie nie nowina;
Co rok zima więzi ciebie,
Co rok wichry mkną po niebie.

Aż znów przyjdzie
Wiosna hoża
I popłyniesz
Het, do morza!

Nie na zawsze słonko gaśnie,
Nie na zawsze ziemia zaśnie,
Nie na zawsze więdnie kwiecie,
Nie na zawsze mróz na świecie.

Przyjdzie wiosna,
Przyjdzie hoża,
Pójdą rzeki
Het, do morza!

SANNA

Jasne słonko, mroźny dzień,
A saneczki deń, deń, deń,
Aż koniki po śniegu
Zagrzały się od biegu.
Jasne słonko, mroźny dzień,
A saneczki deń, deń, deń.

KOLĘDNICY

A ten chudy Janek
Po ulicy chodzi,
Z trzejkrólową gwiazdą
Kolędników wodzi.

Trzejkrólowa gwiazda
Zaświeci w okienko,
Kolędnicy hukną
Wesołą piosenką.

Kolęda, kolęda –
Wesoła nowina!
A pójdźcież się ogrzać
Bliżej do komina!

Trzejkrólowa gwiazda,
A po niej zapusty;
Nie bój się, ty Janku,
Będziesz jeszcze tłusty.

STEFEK BURCZYMUCHA

O większego trudno zucha,
Jak był Stefek Burczymucha…
– Ja nikogo się nie boję!
Choćby niedźwiedź… to dostoję!
Wilki?… Ja ich całą zgraję
Pozabijam i pokraję!
Te hieny, te lamparty
To są dla mnie czyste żarty!
A pantery i tygrysy
Na sztyk wezmę u swej spisy!
Lew!… Cóż lew jest?! – kociak duży!
Naczytałem się podróży!
I znam tego jegomości,
Co zły tylko, kiedy pości.
Szakal, wilk?… Straszna nowina!
To jest tylko większa psina!…
(Brysia mijam zaś z daleka,
Bo nie lubię, gdy kto szczeka!)
Komu zechcę, to dam radę,
Zaraz za ocean jadę
I nie będę Stefkiem chyba,
Jak nie chwycę wieloryba! –
I tak przez dzień boży cały
Zuch nasz trąbi swe pochwały.
Aż raz usnął gdzieś na sianie…
Wtem się budzi niespodzianie.

Patrzy, aż tu jakieś zwierzę
Do śniadania mu się bierze.
Jak nie zerwie się na nogi,
Jak nie wrzaśnie z wielkiej trwogi.
– Tygrys, tato! tygrys! – krzyczy.
– Tygrys?… – ojciec się zapyta.
– Ach, lew może!… miał kopyta
Straszne! Trzy czy cztery nogi,
Paszczę taką! Przy tym rogi…
– Gdzież to było?
– Tam na sianie.
Właśnie porwał mi śniadanie…
Idzie ojciec, służba cała,
Patrzą… a tu myszka mała,
Polna myszka siedzi sobie
I ząbkami serek skrobie!…

PARASOL

Wuj parasol sobie sprawił,
Ledwo w kątku go postawił,
Zaraz Julka, mały Janek
Cap! za niego, smyk! na ganek.
Z ganku w ogród i przez pola
Het, używać parasola!

Idą pełni animuszu:
Janek, zamiast w kapeluszu,
W barankowej ojca czapce,
Julka w czepku po prababce,
Do wiatraka pana Mola!…
A wuj szuka parasola.

Już w ogrodzie żabka mała
Spod krzaczka ich przestrzegała:
– Deszcz, deszcz idzie! Deszcz, deszcz leci!
Więc do domu wracać, dzieci!
Mała żabka, ta, na czasie,
Jak ekonom stary zna się
I jak krzyknie: – Deszcz! – to hola!
Trza tęgiego parasola!

Lecz kompania nasza miła
Wcale żabce nie wierzyła.
– Niech tam woła! Niech tam skrzeczy!

Taka żaba!… wielkie rzeczy!
Co nam wracać za niewola!
Czy nie mamy parasola?

Wtem się wicher zerwie srogi,
Dzieci w krzyk i dalej w nogi…
Szumią trawy, gną się drzewa,
To już nie deszcz, to ulewa;
A najgorsza teraz dola
Nieszczęsnego parasola.

W górę gną się jego żebra,
Deszcz nań chlusta jakby z cebra,
Pękł materiał… Aż pod chmury
Wzniósł parasol pęd wichury.
Darmo dzieci krzyczą: – Hola!
Łapaj! trzymaj parasola!

Nie wiem, jak się to skończyło,
Lecz podobno niezbyt miło;

Żabki o tym może wiedzą,
Co pod grzybkiem sobie siedzą;
– Prosim państwa, jeśli wola,
Do naszego parasola!

MAŁY TRĘBACZ

Moja trąbka ślicznie gra:
Ratata! Ratata!...

Dziwuje się owca siwa,
Kto tak wdzięcznie jej przygrywa.
Dziwują się żółte bąki,
Kto tak cudnie gra wśród łąki.
Chwieje wietrzyk bujną trawą,
Niesie piosnkę w lewo, w prawo.
Aż gdzieś w dali echo gra:
Ratata! Ratata!...

Moja trąbka głośno brzmi:
Rititi! Rititi!...

Wiewióreczka patrzy z drzewa,
Czy to gaj tak wdzięcznie śpiewa?
Nastawiła uszka oba,
Tak jej granie się podoba.
I zajączek, skryty w trawie,
Słucha, patrzy się ciekawie.
Głos w oddali echem brzmi:
Rititi! Rititi!...

PRANIE

Pucu! pucu! chlastu! chlastu!
Nie mam rączek jedenastu,
Tylko dwie mam rączki małe,
Lecz do prania doskonałe.

Umiem w cebrzyk wody nalać,
Umiem wyprać… no… i zwalać,
Z mydła zrobię tyle piany,
Co nasz kucharz ze śmietany.

I wypłuczę, i wykręcę,
Choć mnie dobrze bolą ręce.
Umiem także i krochmalić,
Tylko nie chcę się już chwalić!
A u pani? Jakże dziatki?
Czy też brudzą swe manatki?

– U mnie? Ach! To jeszcze gorzej
Zaraz zdejmuj, co się włoży!
Ja i praczki już nie biorę,
Tylko co dzień sama piorę!

Tak to praca zawsze nowa,
Gdy kto lalek się dochowa!

NA JAGODY

Śpiesz się, śpiesz, laleczko,
Bo nie mamy czasu!
Idziem na jagody
Do boru, do lasu!

Idziem na jagody
Dla mamy, dla taty,
Będzie nam pomagał
Ten wilczek kudłaty!

Będzie nam pomagał
Ten dzięcioł, co puka,
Co w boru robaczków
Po drzewinach szuka!

A w boru, a w lesie
Szumią wielkie sosny,
Aż się głos ich niesie
Jako płacz żałosny!

A w boru, a w lesie
Tam drwal siedzi stary
I rąbie siekierą
Sosny na galary!

Co którą zarąbie,
To krzyk słychać drzewa
I płacze bór cały.
I jęczy, i śpiewa…

Aż tu Baby-Jagi
Wyskoczą dwa koty,
Na sośnie się onej
Huśtają, niecnoty!

I świecą im ślepie
Wśród mroku zielone…
Niech Pan Bóg zachowa
Iść kiedy w tę stronę!…

Boisz się, laleczko?
Nie drżyj, moja miła!
To tylko – tak sobie,
Taka bajka była!

Śpiesz się, śpiesz, dziecino.
Bo nie mamy czasu!
Idziem na jagody
Do boru, do lasu!

ŚMIGUS

Panieneczka mała
Rano dzisiaj wstała:
Śmigus! Śmigus!
Dyngus! Dyngus!
Bo się wody bała.

Panieneczka mała
W kątek się schowała!
Śmigus! Śmigus!
Dyngus! Dyngus!
Bo się wody bała.

Panieneczka mała
Sukienkę zmaczała.
Śmigus! Śmigus!
Dyngus! Dyngus!
Choć się wody bała.

Szkolne przygody
Pimpusia Sadełko

SZKOŁA

Szkoła pani Matusowej
głośne w świecie ma przymioty,
uczęszczają do niej wszystkie
dobrze wychowane koty.

Już to sam nieboszczyk Matus
był wybornym pedagogiem
i prowadził przez lat wiele
znaną pensję „Pod Batogiem".

Kot to był uczony wielce;
a siadywał na zapiecku,
pomrukując sobie z cicha
po łacinie i po grecku.

Osierocił wszakże szkołę
i zostawił żonę wdowę,
gospodarną, zabiegliwą,
jejmość panią Matusowę.

Szkoła dalej szła swym trybem,
tylko znak jej „Pod Batogiem"
usunięty został ze drzwi,
a zrobiony: „Kot z Pierogiem".

Łatwo pojąć, jak ta zmiana
rozszerzyła pensji sławę,
młode kotki na naukę
biegły jakby na zabawę.

Jedna matka synka wiodła,
druga swą córeczkę małą,
byle każde z pensji godła
choć kruszynę skorzystało.

Nic milszego bowiem, dziatki,
jak kot pięknie wychowany,
taki, jak go tu widzicie,
nad miseczką od śmietany.

SZCZĘŚCIE RODZINNE

Żyli sobie wtedy w mieście
imci państwo Sadełkowie,
którzy mieli jedynaka,
cudo – kotka, co się zowie!

„PIMPUŚ" było mu na imię,
skórka szara w żółte łaty.
Cały dzień na rękach siedział
to u mamy, to u taty.

Rano, wieczór, pan Sadełko
jedynaka brał pod boki,
mile sobie przyśpiewując,
wyprawiali różne skoki.

A pieścili, a chuchali,
a broń Boże do roboty!
Zawsze tylko: „Mój ty skarbie!
Mój ty srebrny! Mój ty złoty!".

O, nic nie ma piękniejszego
nad rodzinne, błogie życie!
Słodycz jego i rozkosze
na obrazku tym widzicie.

Szybko biegną miłe chwile.
Czas przemija lotem ptaka…
Nie ma rady! Trzeba zacząć
wychowanie jedynaka.

Pimpuś wyrósł jak na drożdżach,
ale w głowie – same psoty.
W jego wieku dawno siedzą
nad książkami inne koty.

Tak więc państwo Sadełkowie
rozstają się z dzieckiem drogim
i oddają we łzach synka
na naukę „Pod Pierogiem".

LEKCJA TAŃCA

Ledwie Pimpuś wszedł do szkoły,
wnet usłyszał skoczne dźwięki,
właśnie brały lekcję tańca
i panicze, i panienki.

Pierwszy Filuś, z białym gorsem,
wdzięcznie ujął się pod boki
i podniósłszy lewą nóżkę,
śmiało daje sus szeroki.

Przy nim śliczna Kizia-Mizia
w żółtej szarfie, w wielkiej kryzie,
w sukieneczce tańczy białej…
Czy widzicie Kizię-Mizię?

Za nią hasa Łupiskórka,
tancerz znany z swej ochoty,
celujący uczeń szkoły,
co wyprzedził wszystkie koty.

Dalej Lizuś i Trojaczek
trzymają się za pazurki,
naśladując żwawo skoki
wybornego Łupiskórki.

Z uwielbieniem i zazdrością
patrzy na to Pimpuś z dala.
Rad by także ciąć hołubce,
lecz brak stroju nie pozwala.

Wnet też pani Matusowa
wstążkę wiąże mu u głowy
i u pasa zręcznie spina
półgarnitur nankinowy.

Miauknął Pimpuś zachwycony
tak przedziwną toaletą
i do tańca zaraz staje
z piękną panną Sofinetą.

Sofinetka z wdziękiem wodzi
spuszczonymi w dół oczyma,
a że jeszcze jest nieduża,
więc łapeczkę w buzi trzyma.

Pimpuś omal z garnituru
i ze skóry nie wyskoczy;
przy muzyce idzie kociej
do wieczora bal ochoczy.

Kot nie może być niezgrabnym
jakby niedźwiedź jaki bury…
Gdyby ruszyć się nie umiał,
któż by łowił myszy, szczury?

ROZSTANIE

Uściskany, opłakany,
i na progu, i za progiem,
został Pimpuś pensjonarzem
sławnej szkoły „Pod Pierogiem".

Zrazu żal mu nieco było
żegnać tatę, żegnać mamę;
popłakiwał nawet sobie,
gdy zamknięto za nim bramę.

Lecz się wkrótce rozweselił,
na wysokim siadłszy stołku,
gdy zobaczył pełen talerz
smakołyków na podołku.

Mama – kotka mu kupiła,
tato – biczyk i piłeczkę,
więc choć łza się zakręciła,
to, ot, tylko tak… troszeczkę.

Ale państwo Sadełkowie,
ci utulić się nie mogą
i miłego jedynaka
opłakują, idąc drogą.

Już im z oczu znika szkoła
z ogrodzeniem swym zielonym,
a to on, to ona staje,
by zamachać choć ogonem.

Tak ów żeglarz, gdy na łodzi
od miłego brzegu płynie,
chustką na znak wieje białą
przyjaciołom i rodzinie.

O, nie wiedzą tego dziatki,
jaka po nich pustka głucha,
gdy do próżnej wszedłszy chatki,
matka staje, patrzy, słucha…

Słucha wiatru, co przelata,
po szerokim wiejąc świecie…
Czy jej wieści nie przynosi?
Czy nie tęskni miłe dziecię?

Późno w nocy siedzi, duma
na samotnej chaty progu,
aż w opiekę odda świętą
oddalone dziecię Bogu.

MARSZ Z KUCHNI

Zjadłszy swoje specyjały,
oblizał się nasz kocina
i rzekł: „Jakoś ta nauka
wcale nieźle się zaczyna.

Chwalić Boga, że rodzice
do takiej mnie dali szkoły,
gdzie prócz tańca i jedzenia
obce inne są mozoły.

No, co prawda, już i w domu
do tegom się nie sposobił.
Pytam nawet, niech kto powie,
co ja bym nad książką robił?

Muszę tylko do spiżarni
i do kuchni poznać drogę,
a najpierwszym uczniem w szkole,
na mój honor, zostać mogę!".

Jakoż dobrał sobie Pimpuś
kompanijkę tęgich kotów
i wyprawił się do kuchni
na naukę dalszą gotów.

Biegną jeden przez drugiego
i dalejże do kucharki:
„A, dzień dobry, pani Piętka!
Przyszliśmy tu zajrzeć w garnki!".

Pani Piętka z wałkiem stała
przy stolnicy pełnej ciasta.
A była to popędliwa
i niemłoda już niewiasta.

Jak zobaczy owe koty,
jak nie krzyknie na nich z góry:
„A, leniuchy! A, niecnoty!
A marsz z kuchni w mysie dziury!".

Jaki taki, bliższy proga,
umknął zręcznie przed pogonią;
a zaś reszta się spotkała
z pani Piętki twardą dłonią.

Płacze Kizia, Sofinetka,
płacze Pimpuś nasz uczony.
I ze wstydem się wynoszą,
pospuszczawszy w dół ogony.

KATASTROFA

Trudno sobie wyobrazić
coś milszego od tej sali,
w której malcy z „Pod Pieroga"
obiad co dzień zajadali.

Okno było tam weneckie,
co na ogród się odmyka,
książek pełno, a na ścianie
portret męża nieboszczyka.

W pośrodku stół ogromny,
osiem nakryć na nim leży,
przy nim stoi wielki fotel
i krzesełka dla młodzieży.

Dobra pani Matusowa
na fotelu zwykle siada
w białym czepcu, w okularach
i paniątkom jeść nakłada.

A ze ściany mąż nieboszczyk
na siedzących patrzy z dala
i wąsami, zda się, rusza,
zda się, grozi lub pochwala.

O, niejeden już tam przeszedł
obiad smaczny i wesoły,
kiedy Pimpuś, nasz bohater,
„Pod Pierogiem" wszedł do szkoły.

Serce mocno mu zabiło,
gdy zobaczył wielką salę;
a miał właśnie żółtą kurtkę
i wyglądał doskonale.

„No, siadajcie, drogie dzieci! –
rzecze pani Matusowa.
– Tylko cicho się sprawiajcie,
bo mnie dzisiaj boli głowa".

Siadły kotki, milcząc, jedzą,
ten to ów języczkiem chłepcze,
a tak cicho, że dosłyszy,
co tam w kątku myszka szepcze.

Ale Pimpuś ten miał zwyczaj,
że kołysał się na stołku.
Raz i drugi rzecze pani:
„Przestań, proszę, mój aniołku!".

Pimpuś zerka na nią z boku,
potem chwilkę siedzi cicho,
aż znów bujać się zaczyna,
tak go kusi jakieś licho.

Trącają go łokciem kotki,
że to brzydko, że nieładnie…
„A przestańże! – woła pani. –
Bo ci jeszcze stołek padnie!".

Ledwie słów tych domówiła,
rrrrym!… jak długi Pimpuś leży,
za nim obrus, za obrusem
grad miseczek i talerzy…

Korzystają z chwili koty,
gwałt się robi niesłychany…
Groźnie patrzy mąż nieboszczyk
i wąsami rusza z ściany…

Pimpuś, w obrus owinięty,
z miejsca ruszyć się nie może,
co się dźwignie, to ze stołu
lecą za nim łyżki, noże…

Lizuś chwyta kubek z miodem.
Łupiskórka mu wydziera,
Filuś cały na stół włazi
i łapkami sos wybiera.

Pani iskry lecą z oczu,
nie wie, co w tym robić piekle…
Kizia drze się wniebogłosy,
a Trojaczek miauczy wściekle.

Jedna tylko Sofinetka
z śmiechem rzecze: „Już powiadam,
że najgorsze te chłopaki
z całej szkoły, proszę Madam!".

I spokojnie, jak przystało
dla uczącej się panienki,
siedzi sobie, tylko ogon
jej wygląda spod sukienki.

Jedno drapie, drugie bije,
pełno krzyku, pisku, wrzasku,
trudno nawet opowiedzieć
i przedstawić na obrazku.

BIJATYKA

Po wieczerzy do łóżeczek
cała poszła spać drużyna;
ale z Filem psotnik Pimpuś
bijatykę rozpoczyna.

Spadła kołdra i pierzynka,
lecą jaśki w różne strony,
Filuś upadł na podłogę,
poduszeczką przywalony.

Reszta kotków, hyc!… na ziemię
i do figlów… hejże, dalej!
Pościągali prześcieradła,
całą pościel pościągali.

Wtem ze świecą wchodzi pani…
„Co za rwetes? Co za krzyki?
A do łóżka! Spać mi zaraz!
No, czekajcie, swawolniki!…”.

Jak tam poszła cała sprawa,
jak się wszystko to skończyło,
o tym nawet, drogie dzieci,
i wspominać mi niemiło.

Tyle tylko wam opowiem,
że nazajutrz przez dzień cały
kotki wody nanosiły,
prześcieradła prać musiały.

A największy figlarz, Pimpuś,
bez mundurka dla pokuty,
od samego musiał rana
wszystkim kotkom czyścić buty.

PIMPUŚ BUTY CZYŚCI

G ł o s
Gdzie te nóżki chodziły,
co te butki zrosiły?

C h ó r
A, mój miły panie,
chodziły po łanie.
A na łanie stoi rosa
w majowe zaranie!

G ł o s
Gdzie te nóżki chodziły,
co te butki zrosiły?

C h ó r
Chodziły po łące,
goniły zające.
A na łące trawka młoda
i kwiatki pachnące!

G ł o s
Gdzie te nóżki chodziły,
co te butki zrosiły?

Chór
Chodziły na pole,
na tę czarną rolę,
deptały tam krasne maczki
i modre kąkole!

LIST

Usiadł Pimpuś z piórem w łapce,
chcąc rodzicom donieść w liście
o żałosnych swych przygodach,
i tak pisze zamaszyście:

„Droga Mamo! Drogi Tato!
Bardzo mi tu źle jest w szkole.
Jeżeli mnie Tato kocha,
to do domu wrócić wolę!

Jeść tu dają bardzo mało,
dokazywać – ani trocha,
proszę przysłać mi ciasteczek,
jeżeli mnie Mamcia kocha!

Mało serce mi nie pęknie,
że się muszę żegnać z Wami!
Kochający Pimpuś". Tu się
nasz kocina zalał łzami.

I niewiele myśląc, włazi
w trzewik męża nieboszczyka
i wspomniawszy dom rodzinny,
gorzko płacząc, łzy połyka.

W NOSKA

O wy, latka młodociane!
O, dziecięcy wieku błogi!
Jakie krótkie są twe żale,
twoje smutki, twoje trwogi!

Nie tak szybko w letni ranek
srebrna rosa schnie na kwiecie,
jak te łezki brylantowe
w modrych oczach twoich, dziecię!

I nie z takim chmurkę w maju
rozdmuchuje wiatr pośpiechem,
jak na liczku twym rumianym
znika smutek przed uśmiechem.

Chwilki życia na twym niebie
złotą mienią się obręczą.
Dusza twoja to obłoczek
malowany śliczną tęczą!

Tak i kotki z „Pod Pieroga"
dnia trzeciego zapomniały
o tej burzy, co wieczorem
szkolny gmach wstrząsnęła cały.

Jako znika cień o wschodzie,
tak zniknęła w sercach troska,
a prześliczna Kizia-Mizia
grę prowadzi, zwaną „w noska"…

Gra ta, bardzo znakomita,
na tym, dziatki me, polega,
że się kotek kotka chwyta
i po całym domu biega.

Chwytać trzeba za obróżkę,
a kto jej na szyi nie ma,
tego się za nosek bierze
i w pazurkach mocno trzyma.

PIMPUŚ – ŚMIAŁEK

Już dawno mówią o tym:
„Żyją z sobą jak pies z kotem".
Ale Pimpuś nie dowierzał
i przymierzał.

Skoro tylko psa gdzie zoczy,
to podejdzie, to uskoczy,
ale z drogi mu nie schodzi
pan dobrodziej!

Jeden, drugi kundys krzepki
ani dbał o te zaczepki;
psu nie honor bić się z kotem.
Co mu po tem?

Przestrzegały inne koty:
„Porzuć, Pimpuś, swoje psoty,
bo się kiedy tak zahaczysz,
że… zobaczysz!".

Ale Pimpuś, harda sztuka,
z psami wciąż zaczepki szuka
i po nosie – trzep ich z boku…
Psy… już w skoku!

Już dobrały się do skóry…
„Aj, aj! – wrzeszczy Pimpuś. – Gbury!
Toż od takiej znajomości
bolą kości!…".

A psy na to: „To nauka!
Znajdzie guza, kto go szuka…
A za taką awanturę
biorą w skórę!".

POSTANOWIENIE

W nocy lament… Co takiego?
A to Pimpuś miauczy srodze.
Kawał futra brak na grzbiecie,
po psich zębach znak na nodze…

Wstaje pani Matusowa:
kataplazmy, szarpie, plastry…
„Ach, już nigdy – stękał Pimpuś –
– nie zaczepię psiej hałastry".

Całą noc biegały koty,
ten z miseczką, ten ze świecą…
aż nad ranem ledwo Pimpuś
obwiązany usnął nieco.

Długie potem przyszły chwile
rozmyślania i niemocy.
Nieraz Pimpuś i zapłakał,
w swym łóżeczku siedząc w nocy.

„Ach! Cóżem ja, nieszczęśliwy,
najlepszego zrobił w świecie!
Jakże teraz się rodzicom
pokażę z tą łatą w grzbiecie!…

Ach! Czekają oni ze mnie
i pociechy, i podpory…
A ja, próżniak niegodziwy,
cóżem zrobił do tej pory?

Drogi Tato! Droga Mamo!
Miły domku mój rodzinny!
Już ja teraz się poprawię
i zupełnie będę inny!

Przebacz, przebacz, drogi Tato!
Błogosław mi, Mamo droga!
Wasz jedynak teraz będzie
pierwszym uczniem z »Pod Pieroga!«".

Czy dotrzyma Pimpuś słowa,
o to ja się już nie boję!
Któż by ojca, matkę drogą
chciał zasmucić, dziatki moje?

O Janku Wędrowniczku

KARTKA WSTĘPNA

Oto tu przed wami stoi
Podróżniczek, Janek mały,
Co się wprawdzie boćka boi,
Lecz jest zresztą bardzo śmiały!

Zuch ten dziwne miał przygody,
O których tu będzie mowa;
Raz to nawet wpadł do wody...
Ale teraz sza... ni słowa!...

Kto tu przy mnie grzecznie siędzie,
Nosek czysty, uszki w górę,
Ten o wszystkiem wiedzieć będzie,
Pozna całą awanturę!

Od okładki do okładki
Nic, tylko o Janku mowa:
Gdzie, co, jakie miał przypadki –
Ale teraz sza... ni słowa!

JANEK WYBIERA SIĘ W DROGĘ

„O! jak ślicznie tam daleko,
Pod tym lasem nad tą rzeką!
Jak się słonko w wodzie złoci!
Co tam w łąkach jest stokroci,
Co tam zboża, co tam chat,
Jak szeroki, piękny świat!".

Tak w pogodny letni ranek
Dumał sobie mały Janek,
Wystawiwszy główkę płową
Aż za furtkę ogrodową,
Gdzie w oddali widać het
Wstęgę rzeki, wzgórza grzbiet.

Naraz krzyknie: „Wiem, co zrobię!
Chleba w torbę wezmę sobie,
Ani mamie, ani komu,
Nic nie powiem w całym domu,
I daleko pójdę w świat,
Bom nie baba, ale chwat!".

SPOTKANIE Z BOĆKIEM

O, jak miło! O, jak błogo
W śliczny ranek iść tak drogą!
Lecą ptaszki i świegocą:
„Gdzie to, Janku? Gdzie to? Po co?".

Janek podparł się pod boki.
„Idę – mówi – w świat szeroki".
Po pióreczku mu rzuciły:
„Idźże z Bogiem, Janku miły!".

Tak wesoło i bez szkody
Zaszedł Janek aż do wody,
A wtem widzi, stojąc sobie:
Bocian trzyma rybkę w dziobie,

Na czerwonej wsparty nodze!
Zadziwił się Janek srodze,
Główką kręci i powiada:
„To jegomość rybki jada?

A tom ja nie wiedział o tem!".
Otwarł bocian dziób z klekotem…
Aż tu nagle zwinna, chybka,
Plusk do wody moja rybka!

Janek rozśmiał się serdecznie:
„Tak to ładnie? Tak to grzecznie?
Masz tu dosyć żabek w błocie,
Po co łowisz w rzece płocie?

Bądź zdrów, boćku! Nie mam czasu!
Widzisz, idę tam, do lasu!
Lecz gdy tędy wracać będę,
Przyjdę znowu na gawędę!".

ZA KASINYM PŁOTEM

Śmiało Janek naprzód rusza
Między trawy, między zboże,
Ale gdy w nie wszedł niebożę,
Tylko czubek kapelusza
Miga się na obie strony,
Niby wielki mak czerwony.

Nie traci nasz Janek miny,
Choć go jęczmień kłuł wąsaty,
Aż się dobił do drożyny,
Do Kasinej prosto chaty.

A za płotem co się dzieje?
Kury gdaczą, kogut pieje.
Spojrzy Janek – płot był niski –
Kasia twaróg zjada z miski

I po trosze go oddziela
Dla kogutka przyjaciela;
Na co kaczka wraz z kokoszą
Srogi lament w niebo wznoszą.

„Tak wrzaskliwa ta hołota!".
Patrzy Kasia… Jaś u płota.
„Gdzie to panicz tak wędruje,
Trawkę z rosy wydeptuje?!".

Janek ujął się pod boki:
„Idę sobie w świat szeroki,
Tylko nie wiem, gdzie tu droga!".
Na to Kasia: „O, dlaboga!

W świat?… To het tam, gdzie za borem
Słonko idzie spać wieczorem,
A różaną mu pościelą
Złote zorze na noc ścielą!
Niechże panicz idzie miedzą,
To pastuszki dopowiedzą!".

DARY I PRZEMOWA PANI MARCINOWEJ

Ej, ty drogo, wiejska drogo,
Nie obłąkasz ty nikogo,
Lecz kwietnymi wiedziesz ślady
Między chaty, między sady,

Tam, gdzie pani Marcinowa
Najpiękniejsze jabłka chowa
Razem z marchwią na straganie!
Kto ma grosik, ten dostanie.

Janek nie miał nic w kieszeni,
Więc się tylko zarumieni…
A wtem pani Marcinowa
Te do niego rzecze słowa:

„Co tak panicz biega samy
I bez taty, i bez mamy?".
Janek się za uszkiem skrobie:
„Bo to ja w świat idę sobie!…".

„W imię Ojca, Syna, Ducha!
Czy ja słyszę, czym też głucha?
W świat?… Taki ci dzieciuch mały,
Żeby wróble go zdziobały?…

Widzieliście wy pajaca?…
Niech się panicz zaraz wraca!
Ot, na drogę trzy jabłuszka,
A do tego piękna gruszka!".

Wtem gołąbki: „Grrochu! Grrochu!
Wracaj zaraz, ty pieszczochu!".
Janek wrócić obiecuje.
Zdjął kapelusz i dziękuje.

OWIECZKI

Niedaleko ponad rzeką,
Na wsi wszystko niedaleko,
Spotkał mały nasz wędrowiec
Pasące się stadko owiec.

Z siwą wełną owca stara,
Dwóch baranków śliczna para
I jagniątko, co niebożę
Jeszcze samo stać nie może!

Owce pasła Zośka mała,
Co już dawno Janka znała,
Więc przemówi: „Jeśli łaska,
Niech baranki Jaś pogłaska!

Niech się wcale Jaś nie boi!
To jest Burek, co tu stoi".
„A nie gryzie, jak przyjść blisko?".
„Ej, nie! To jest dobre psisko!".

„A owieczka nie uciecze?".
„Nie, łaskawa!" – Zośka rzecze.
„Baź!... Baziuchna! – woła Janek. –
Przyjdźże kiedy choć na ganek,
To jagniątku narwę trawki
I pokażę ci zabawki!".

DO MŁYNA

Wśród topoli spoza wzgórza
Dach kościółka się wynurza,
Przy nim wiatrak na wyścigi
Z wiatrem kręci cztery śmigi.

A młynarczyk Wojtuś jedzie
Na osiołku tuż na przedzie.
Wojtuś grzeczny był chłopczyna;
Zszedł na ziemię i zaprasza:

„Paniczyku, wstąp do młyna!
Ze skwarkami będzie kasza!".
Jankowi się śmieją oczy;
Do osiołka żwawo skoczy.

Wojtuś rzecze: „Ja podsadzę
I panicza poprowadzę…
Dalej! Śmiało! Hop! Do góry!".
„A nie zrzuci mnie pan Bury?".

Janek głaszcze kłapoucha,
Piętkami się trzyma brzucha.
„Lepszy osioł do podróży
Niźli koń, bo koń za duży!".

GDYBYM MIAŁ PIÓRKA

Już słoneczko na pół nieba,
Już i pora do obiadu:
Z Jankowego w torbie chleba
Dawno nie ma ani śladu;

Chłopcu tęskno do mamusi!
Wtem go nowy widok skusi:
Na urwistej, stromej górze
Kwitną dzwonki, dzikie róże,

Macierzanka się rozściela,
Pełno kwiecia, pełno ziela,
Jak to w letniej bywa dobie.
„Bukiet dla mamusi zrobię!” –

Woła Janek i w zapale
Po omszonej pnie się skale.
Wejść – to nic, lecz zejść – to sztuka!
Darmo Janek ścieżki szuka,

Wszędzie stromo, wszędzie ślisko,
Ot, zwyczajnie, jak urwisko!
Już i płakać zaczął nieco,
A wtem patrzy, ptaszki lecą.

„Oj, gdybym miał piórka wasze,
Oj, gdybym miał skrzydła ptasze!
Tobym latał pod obłoki,
Jak świat długi i szeroki!"
Na to ptaszki: „Skakaj śmiało!".
Hop!… I jakoś się udało!

SPOTKANIE Z FILUSIEM

„Ej, czy to nie Filuś czasem? –
Mówi Janek, kręcąc bródką –
Co tam szczeka tak pod lasem,
Przed dróżnika siedząc budką?

Filuś! Filuś! Pójdź tu, psisko!".
Biegnie pudel, już jest blisko
I ogonkiem raźno kręci
Na przyjazny znak pamięci.

Filuś umiał różne sztuki
(Dróżnik łożył na nauki),
Więc figielki wnet zaczyna.
A ucieszny był to psina!

„Wiesz co? Bawmy się w żołnierzy!" –
Woła Janek, gałąź bierze,
A pudlowi drugą daje,
Na dwóch łapach Filuś staje.

„Stój!… Formuj się!… Broń do nogi!
Oczy w lewo!… Uszy w prawo!…
Marsz!"… Zajęci tą zabawą,
Maszerują kawał drogi.

NA ŁODZI

Wtem na biedę swą spotyka
Janek chłopców od dróżnika.
Stach i Pietrek to mi chwaty!
Na grzbiecinie dziury, łaty,

W kapeluszu, z gołą głową,
Deszcz czy słota, wszystko zdrowo!
Wyrwawszy się ojcu z budki,
Powsiadali, ot, do łódki

I na Janka już z daleka
Krzyczą: „Siadać!… Okręt czeka!".
„Gdzie płyniecie?". „A na morze!".
Święty Boże nie pomoże!

Skoczył Janek; nie ma wiosła…
Sama woda łódź poniosła.
Patrzą chłopcy zachwyceni,
Jak się w wodzie rybka mieni,

Jak skrzelkami żwawo pluska,
To się w słońcu złoci łuska,
To się skrzy, jak modra pręga…
Janek chciwie rączką sięga,

Gdy wtem… nagle się przechyli
I… chlup w wodę w jednej chwili!
Główka na dół, nóżki w górę.
Macież teraz awanturę!

„Gwałtu! Rety!” – krzyczą dzieci,
Aż brat starszy, Józiek, leci,
Co na brzegu siedział z wędką,
I wyciągnął Janka prędko.

Co tam było krzyku, wrzasku,
W włoskach szlamu, w buzi piasku,
Na wołowej skórze o tym
Pisać by mi piórkiem złotym!

W LESIE

Jakże w lesie iść drożyną,
Jakże patrzeć prostej dróżki,
Gdy za kwiatkiem, za maliną,
Ciągną w gęstwę same nóżki?

Tu poziomka, tam sasanek,
Tu wiewiórka, tam motylek:
Nie minęło kilka chwilek
I zabłąkał się nasz Janek!

Co tu robić? Strach! Dokoła
Coś tam szepce, wzdycha, woła…
Coraz ciemniej w leśnej głuszy,
Coraz trwożniej w Janka duszy.

Po gałęziach się łopocą
Sowy, co to widzą nocą,
W wielkiej dziupli puchacz siedzi,
Żółtym okiem Janka śledzi,

A nietoperz skrzydłem bije.
Janek w strachu, ledwie żyje,
Jak młot serce mu kołacze.
Idzie lasem, idzie, płacze.

„Mamo! – woła. – Mamo!…". Ale
Nikt go tu nie słyszy wcale.
Aż, zmęczony, padł pod sosną,
Gdzie przeróżne grzyby rosną,

I z ciężkiego zasnął płaczu.
Śpijże z Bogiem, mój tułaczu!
A tymczasem w domu trwoga:
„Gdzie to Janek? O, dlaboga!".

Szukają go wierni słudzy,
Jedni w domu, w polu drudzy,
Patrzą nawet i w studzience…
Załamuje mama ręce.

Ale Azor (zmyślne psisko!)
Nos przy ziemi trzyma blisko
I nie tracąc wiele czasu,
Tropem bieży aż do lasu,
Gdzie poczciwe, dobre zwierzę
Znalazł Janka; siadł i strzeże.

POWRÓT

Jak wesołe przebudzenie!
Janek oczom swym nie wierzy.
Znikły strachy, znikły cienie,
A tuż przy nim Azor leży!

Skoczy chłopiec: „Moje psisko!".
Objął wyżła, łeb mu gładzi.
Azor idzie przed nim blisko,
I do domu wprost prowadzi.

O, jak miło! O, jak błogo
Ujrzeć znów zagrodę drogą
I swój domek ukochany,
I te stare, lube ściany!

W zachodowych zórz jasności
Widzi mama miłych gości
I wyciąga ręce z ganku.
„Janku! – woła. – Drogi Janku!
Gdzieś ty chodził? Gdzieś był, dziecię?".
„A w szerokim, mamo, świecie!".

I w objęcia mamie pada,
I swą podróż opowiada:
Co miał przygód, co miał strachu,
Jak gdzie było tam!…

A z dachu
Gołąbeczki to słyszały
I mnie wszystko powiedziały!..

O Krasnoludkach i o sierotce Marysi

(fragmenty)

Czy to bajka, czy nie bajka,
Myślcie sobie, jak tam chcecie.
A ja przecież wam powiadam:
Krasnoludki są na świecie.
Naród wielce osobliwy.
Drobny – niby ziarnka w bani:
Jeśli które z was nie wierzy,
Niech zapyta starej niani.
W górach, jamach, pod kamykiem,
Na zapiecku czy w komorze
Siedzą sobie Krasnoludki
W byle jakiej mysiej norze.
Pod kominkiem czy pod progiem –
Wszędzie ich napotkać można:
Czasem który za kucharkę
Poobraca pieczeń z rożna…
Czasem skwarków porwie z rynki
Albo liźnie cukru nieco
I pozbiera okruszynki,
Co ze stołu w obiad zlecą.
Czasem w stajni z bicza trzaśnie,
Koniom splącą długie grzywy,
Czasem dzieciom prawi baśnie…
Istne cuda! Istne dziwy!
Gdzie chce – wejdzie, co chce – zrobi,

Jak cień chyżo, jak cień cicho,
Nie odżegnać się od niego,
Takie sprytne małe licho!
Zresztą myślcie, jako chcecie,
Czy kto chwali, czy kto gani,
Krasnoludki są na świecie!
Spytajcie się tylko niani.

Jak nadworny kronikarz króla Błystka rozpoznawał wiosnę

Zima była tak ciężka i długa, że miłościwy Błystek, król Krasnoludków, przymarzł do swojego tronu. Siwa jego broda uczyniła się srebrną od szronu, u brody wisiały lodowe sople, brwi najeżone okiścią stały się groźne i srogie; w koronie, zamiast pereł, iskrzyły krople zamarzniętej rosy, a para oddechu osiadała śniegiem na kryształowych ścianach jego skalnej groty. Wierni poddani króla, żwawe Krasnoludki, otulali się, jak mogli, w swoje czerwone opończe i w wielkie kaptury. Wielu z nich sporządziło sobie szuby i spencery z mchów brunatnych i zielonych, uzbieranych w boru jeszcze na jesieni, z szyszek, z huby drzewnej, z wiewiórczych puchów, a nawet z piórek, które pogubiły ptaszki lecące za morze.

Ale król Błystek nie mógł się odziewać tak ubogo i tak pospolicie. On zimą i latem musiał nosić purpurową szatę, która, od wieków służąc królom Krasnoludków, dobrze już była wytarta i wiatr przez nią świstał. Nigdy też, za nowych swoich czasów nawet, bardzo ciepłą szata owa nie była, ile że z przędzy tych czerwonych pajączków, co to wiosną po grzędach się snują, utkana, miała zaledwie grubość makowego listka.

Drżało więc królisko srodze, raz w raz chuchając w ręce, które mu tak zgrabiały, że już i berła utrzymać w nich nie mógł.

W kryształowym pałacu, wiadomo, ognia palić nie można. Jakże? Jeszcze by wszystko potrzaskało: posadzki i mury.

Grzał się tedy król Błystek przy blasku złota i srebra, przy płomieniach brylantów, wielkich jak skowrończe jaja, przy tęczach, które promyk dziennego światła zapalał w kryształowych ścianach tronowej sali, przy iskrach lecących z długich mieczów, którymi wywijały dzielne

Krasnoludki, tak z wrodzonego męstwa, jak i dla rozgrzewki. Ciepła wszakże z tego wszystkiego było bardzo mało, tak mało, że biedny stary król szczękał zębami, jakie mu jeszcze pozostały, z największą niecierpliwością oczekując wiosny.

– Żagiewko – mówił do jednego z dworzan – sługo wierny! Wyjrzyj no na świat, czy nie idzie wiosna.

A Żagiewka kornie odpowiedział:

– Królu, panie! Nie czas na mnie, póki się pokrzywy pod chłopskim płotem nie zaczną zielenić. A do tego jeszcze daleko!…

Pokiwał król głową, a po chwili znów skinie i rzecze:

– Sikorek! A może ty wyjrzysz?

Ale Sikorkowi nie chciało się na mróz wystawiać nosa. Rzeknie tedy:

– Królu, panie! Nie pora na mnie, aż pliszka ćwierkać zacznie. A do tego jeszcze daleko!…

Pomilczał król nieco, ale iż mu zimno dokuczało srodze, skinie znów i rzecze:

– Biedronek, sługo mój! A ty byś nie wyjrzał?

Wszakże i Biedronkowi niepilno było na mróz i zawieję. I on się kłaniał i wymawiał:

– Królu, panie! Nie pora na mnie, aż się pod zeschłym listkiem śpiąca muszka zbudzi. A do tego jeszcze daleko!…

Król spuścił brodę na piersi i westchnął, a z westchnienia tego naszła taka mgła śnieżysta, że przez chwilę w grocie nic widać nie było.

Tak przeszedł tydzień, przeszły dwa tygodnie, aż pewnego ranka jasno się jakoś zrobiło, a z lodowych soplów na królewskiej brodzie jęła kapać woda.

We włosach też śnieg tajać począł, a okiść szronowa opadła z brwi królewskich i zmarzłe kropelki u wąsów wiszące spłynęły niby łzy.

Zaraz też i szron ze ścian opadać zaczął, lód pękał na nich z wielkim hukiem, jak kiedy Wisła puszcza, a w komnacie zrobiła się taka wilgoć, że wszyscy dworzanie wraz z królem kichali jakby z moździerzy.

A trzeba wiedzieć, że Krasnoludki mają nosy nie lada.

Sam to naród nieduży: jak Krasnoludek but chłopski obaczy, staje, otwiera gębę i dziwuje się, bo myśli, że ratusz. A jak w kojec wlezie, pyta: „Co za miasto takie i którędy tu do rogatek?". A wpadnie w kufel kwarciany, to wrzeszczy: „Rety! Bo się w studni topię!".

Taki to drobiazg!

Ale nosy mają na urząd, że i organiście lepszego do tabaki nie trzeba. Kichają tedy wszyscy, aż się ziemia trzęsie, życząc sobie i królowi zdrowia.

Wtem chłop po drwa do boru jedzie. Słysząc owo kichanie, mówi:

– Oho, grzmi! Skręciła zima karku! – Bo myślał, że to grzmot wiosenny. Zaraz konia przed karczmę zawrócił, żeby grosza na drzewo nie utracać, i przesiedział tam do wieczora, rachując i rozmyślając, co kiedy robić ma, żeby mu czasu na wszystko starczyło.

Tymczasem odwilż trwała szczęśliwie. Już około południa wszystkim Krasnoludkom poodmarzały wąsy.

Zaczęli tedy radzić, kogo by na ziemię wysłać, żeby się przekonał, czy jest już wiosna.

Aż król Błystek stuknął o ziemię berłem szczerozłotym i rzekł:

– Nasz uczony kronikarz Koszałek-Opałek pójdzie obaczyć, czy już wiosna przyszła.

– Mądre królewskie słowo! – zakrzyknęły Krasnoludki i wszystkie oczy obróciły się na uczonego Koszałka-Opałka.

Ten, jak zwykle, siedział nad ogromną księgą, w której opisywał wszystko, co się od najdawniejszych czasów zdarzyło w państwie Krasnoludków, skąd się wzięli i jakich mieli królów, jakie prowadzili wojny i jak im się w nich wiodło.

Co widział, co słyszał, to spisywał wiernie, a czego nie widział i nie słyszał, to zmyślił tak pięknie, iż przy czytaniu tej księgi serca wszystkim rosły.

On to pierwszy dowiódł, iż Krasnoludki, ledwie na piędź duże, są właściwie olbrzymami, które się tylko tak kurczą, żeby im mniej sukna wychodziło na spencery i płaszcze, bo teraz wszystko drogie.

Krasnoludki tak dumni byli z kronikarza swego, że gdzie kto jakie zielsko znalazł, zaraz mu wieniec plótł i na głowę wkładał, tak iż mu te wieńce resztę rzadkich włosów wytarły i łysy był jak kolano.

II

Koszałek-Opałek zaraz się na wyprawę zbierać zaczął. Przyrządził sobie garniec najczarniejszego atramentu, potem wyszykował wielkie gęsie pióro, które, iż ciężkie było, musiał je jak karabin na ramieniu dźwigać; ogromne swoje księgi na plecach sobie przytroczył, podpasał opończę rzemieniem, włożył kaptur na głowę, chodaki na nogi, zapalił długą fajkę i stanął do drogi gotowy. [...]

Cały dzień gramolił się uczony Koszałek, zanim z groty na ziemię wyszedł. Droga była stroma, korzeniami odwiecznych dębów splątana, odłamki skały, żwiry i kamyki usuwały się spod nóg, lecąc z głuchym łoskotem gdzieś na dno przepaści; zamarzłe wodospady świeciły jak szyby lodu, po których uczony wędrowiec ślizgał się w swych chodakach i tylko z największym trudem posuwać się mógł w górę.

Na domiar biedy wybrał się bez jakiegokolwiek posiłku na drogę, gdyż dźwigając wielkie księgi, wielki kałamarz i wielkie pióro, nic innego unieść już nie mógł.

Byłby Koszałek-Opałek zupełnie z sił opadł, gdyby nie to, że natrafił na dobrze zagospodarowany dom pewnego przezornego chomika.

Ten chomik miał pełną spiżarnię różnego ziarna i orzechów bukowych, z czego coś niecoś zgłodniałemu wędrowcowi udzielił, a nawet

na sianie, którym dom cały był wysłany, odpocząć pozwolił, pod warunkiem że o siedzibie jego nic a nic w wiosce nie powie.

– Bo – mówił – są tam psotne chłopaki, które jakby tylko o mnie się zwiedziały, oho! już bym przed nimi spokojności nie miał!

Koszałek-Opałek z wdzięcznością opuścił gościnnego chomika posilony na duchu i na ciele.

Szedł teraz wesół i raźny, poglądając spod ciemnego kaptura po chłopskich pólkach, po łąkach, po gajach. A już ruń dobywała się i parła gwałtownie nad ziemię; już trawki młode puszczały się na wilgotnych dołkach, już nad wezbraną strugą czerwieniały pręty wikliny, a w cichym, mglistym powietrzu słychać było kruczenie żurawi, wysoko gdzieś, wysoko lecących.

Każdy inny Krasnoludek poznałby po tych znakach, że wiosna już blisko, ale Koszałek-Opałek tak był od młodości pogrążony w księgach, że poza nimi nic nie widział w świecie i na niczym nie rozumiał się zgoła.

Wszakże i on miał w sercu taką dziwną radość, taką rześkość, że nagle zaczął wywijać swoim wielkim piórem i śpiewać znaną starą piosenkę:

Precz, precz od nas smutek wszelki,
Zapal fajki, staw butelki!

Zaledwie jednak był w połowie zwrotki, kiedy posłyszał ćwierkanie gromady wróbli na chruścianym, grodzącym pólko płocie; urwał tedy piosenkę swą natychmiast, aby się z tą gawiedzią nie bratać, i namarszczywszy czoło, szedł z wielką powagą, iżby ona hołota wiedziała, że mężem uczonym będąc, z wróblami kompanii nie trzyma.

A że już i wioskę widać było, skręcił tedy na przydrożek, gdzie go zeszłoroczne badyle różnego chwastu prawie zupełnie zakryły, i niepostrzeżony do pierwszej chałupy doszedł.

Wieś była duża, szeroko rozbudowana wśród poczerniałych teraz i bezlistnych sadów, a ostatnie jej domostwa opierały się o ciemną ścianę gęstego sosnowego boru.

Chaty były zamożne, świeżo wybielone, z kominów ulatywał dym siny, w podwórkach skrzypiały studzienne żurawie, parobcy poili konie i porykujące bydło, a kupki dzieci bawiły się hałaśliwie na wysadzonej topolami drodze to „w gonionego", to znów „w chowanego".

Ale nad całym tym gwarem górował huk młota i dźwiękanie żelaza w pobliskiej kuźni, przed którą stała gromadka lamentujących niewiast. Obaczywszy je, Koszałek-Opałek posunął się ostrożnie wzdłuż płota i stanąwszy za krzaczkiem tarniny – słuchał.

– A niecnota! A zbój! – mówiła jedna. – Jak on się do kowalowego kurnika zakraść nie bał, to już przed nim nigdzie kokoszy nie skryje!

A druga:

– Co to kokoszy! To było złoto, nie kokosza! Dzień na dzień jaja niosła, i to jak moja pięść! Na całą wieś takiej drugiej nie ma!

Tak znów insza:

– A mojego koguta kto zdusił? Nie jegoż to sprawka? To jakem zobaczyła te jego roztrzęsione piórka, Bóg łaskaw, żem z żalu nie padła! Jak nic byłabym za niego wzięła z pięć złotków albo jeszcze i piętnaście groszy.

Tak znów ta pierwsza:

– A co za podstępca! Co za kat taki! A co to za moc w tych pazurach! Żeby zaś taką jamę pod kurnikiem wygrzebać! A to i chłop łopatą lepiej by nie zrobił. A że też nijakiego sposobu nie ma na takiego zbója!

Ale wtem wybiegła z chałupy przy kuźni kowalka i nie dbając na zimno, bez kaftana, stanęła przed progiem, fartuch do oczu podniosła i z głośnym płaczem zawodzić poczęła:

– A mojeż wy czubatki kochane! A mojeż wy kogutki pozłociste! A cóż ja teraz bez was pocznę, sierota!…

Dziwił się temu lamentowi Koszałek-Opałek, słuchając to jednym, to znów drugim uchem, bo nie mógł jakoś zrazu pomiarkować, o co by to onym niewiastom chodziło. Aż nagle stuknął się palcem w czoło, pod płotem między chwasty siadł, kałamarz odkorkował, pióro w nim umaczał, strzepnął i otwarłszy wielką swoją księgę, takie w niej zapisał słowa:

„...Drugiego dnia podróży mojej zaszedłem do nieszczęsnej krainy, którą Tatarowie napadłszy, wybili, wydusili lub uprowadzili w jasyr wszystkie koguty i kokosze. Za czym kowal miecze na wyprawę kuł, a przed kuźnią rozlegał się płacz i narzekanie".

Jeszcze to pisał, kiedy w progu kuźni stanął kowal i huknął basem:

– Co tu pomoże płakać? Tu trzeba garnek z żarem wziąć i tego nicponia z jamy wykurzyć dymem! Juści wiadome rzeczy, że pod lasem lis w jamie siedzi. Albo go wykurzyć, albo go wykopać. Dalej, Jasiek! Duchem, Stach! Chłopaków zwołać i z łopatą mi na niego! A ty, matka, nie płacz, jeno garnek z żarem szykuj! Szedłbym sam, ale że robota pilna!...

I zaraz się w progu do kuźni nawrócił, a dźwiękanie żelaza znów słychać się dało.

Ale dwóch kowalczyków, porzuciwszy miechy, biegło przez wieś, wołając: – Na lisa! Na lisa!

Za czym i baby pociągnęły ku chatom szykować wyprawę.

A wtedy, baczny na wszystko, Koszałek-Opałek znów umaczał pióro i wpisał w księgę te słowa:

„Tatarowie ci mają nieustraszonego wodza i chana nad sobą, który zwie się Lis Wielki, a ukrywają się w leśnych norach, skąd ich ludność miejscowa wykurza armatnim dymem".

Zaledwie jednak skończył to pisać uczony kronikarz, kiedy go doleciała okrutna wrzawa.

Spojrzy, a tu wali przez wieś gromada bab, dzieci i wyrostków z łopatami, z kijami, z garnkami, a za gromadą, naszczekując, podążają w stronę lasu „Kruczki", „Zaboje", inne pokurcie, szczekając i ujadając srodze. Raz jeszcze tedy umaczał pióro Koszałek-Opałek i taką uwagę w kronice swojej dopisał:

„Na wojnę przeciw Tatarom nie chodzą w krainie tej chłopi, ale baby, dzieci i niedorosłe chłopaki; które to wojsko zgiełk srogi w marszu na nieprzyjaciela czyni, lecąc przez wieś wielkim pędem; za główną zasię armią gromada psów okrutnym wrzaskiem męstwa do boju dodawa.

Co, iżem własnymi oczyma oglądał, podpisem własnym stwierdzam".

Tu przechylił głowę, zmrużył lewe oko i podpisawszy u brzegu karty: „Koszałek-Opałek, Nadworny Historyk Króla Jegomości Błystka" – uczynił misterny a szeroki zakręt.

Tymczasem z tamtej strony płota zaleciał go miły dymek jałowcowy, w którym się Krasnoludki szczególnie lubują. Pociągnął Koszałek-Opałek wielkim swoim nosem raz, pociągnął drugi raz, a rozchyliwszy chrusty, począł pilnie patrzeć, skąd by ów dymek szedł.

Jakoż ujrzał pod borem siny, wijący się sznurek, a gdy dobrze okulary przetarł, zobaczył w polu niewielkie ognisko i siedzących dokoła niego pastuszków.

Poczciwy Krasnoludek niezmiernie dzieci lubił; puścił się tedy ku ognisku na przełaj ugorem, kierując się wprost na ów dymek i pociesznie przeskakując bruzdy.

Zdumieli się pastuszkowie, zobaczywszy małego człowieczka w podróżnej, rzemieniem podpasanej opończy z kapturem, z księgą pod pachą, z kałamarzem u pasa i z piórem na ramieniu.

Zaraz też Józik Srokacz trącił w bok Stacha Szafarczyka i pokazawszy palcem owego człowieczka, szepnął:

– Krasnoludek!

A Koszałek-Opałek był już blisko i uśmiechnął się przyjaźnie do dzieci, kiwając głową.

Dzieci pootwierały usta szeroko i wpatrzyły się w niego jak w tęczę. Nie bały się przecież, tylko je ogarnął dziw nagły. Nie bały się, bo każde wiedziało dobrze, iż Krasnoludki nikomu krzywdy nie czynią, a jak ubogim sierotom, to i pomagają nawet. Jakoż Stacho Szafarczyk przypomniał sobie zaraz, że kiedy mu cielęta zaprzeszłej wiosny uciekły do lasu, takusieńki maluśki człowieczek pomógł mu je wyszukać i na pastwisko zagnać. Jeszcze go pogłaskał i poziomek mu w czapkę nasypał, mówiąc:

– Nie bój się! Naści, sieroto!

Tymczasem Koszałek-Opałek do ogniska podszedł i wyjąwszy fajkę z zębów, przemówił grzecznie:

– Witajcie, dzieci!

Na co pastuszkowie odrzekli z powagą:

– Witajcie, Krasnoludku!

Ale dziewczynki skuliły się tylko i naciągnąwszy chuściny na czoła, tak że im ledwo czubki nosów było widać, wytrzeszczyły na przybysza niebieskie oczęta.

Koszałek-Opałek popatrzył na nie z uśmiechem i zapytał:

– Czy mogę się pogrzać przy waszym ognisku? Bo zimno!

– Juści, że mogą! – odpowiedział rezolutnie Jaśko Krzemieniec.

– My ta nie takie zazdrościwe! – dorzucił Szafarczyk.

A Jaśko Srokacz:

– Niech se Krasnoludek siędą! Godne miejsce!

I namykał poły od siwej sukmanki, czyniąc mu miejsce przy ogniu.

– A dopieką się ziemniaki, to se i pojeść mogą, jeśli wola – dorzucił gościnnie Kubuś.

Tak insi:

– Pewnie, że mogą! Ino patrzeć, jak się dopieką, bo już duch idzie od nich.

Siadł tedy Koszałek-Opałek i poglądając mile po rumianych twarzyczkach pastuszków, mówił z rozrzewnieniem:

– A mojeż wy dzieci kochane! A czymże ja wam odsłużę!

Zaledwie to jednak powiedział, kiedy Zośka Kowalczanka, zakrywszy wierzchem ręki oczy, zawołała prędko:

– A to nam bajkę powiedzą….

– Iii!… Co tam bajka – rzekł na to Stacho Szafarczyk z powagą. – Zawszeć prawda je lepsza niż bajka.

– Pewnie, pewnie, że lepsza! – rzekł Koszałek-Opałek. – Prawda jest ze wszystkiego najlepsza.

– A no, jak tak – zawołał wesoło Józik Srokacz – to niechże nam powiedzą, skąd się Krasnoludki wzięły na tym tu świecie?

– Skąd się wzięły? – powtórzył Koszałek-Opałek i już się zabierał powiadać, gdy wtem ziemniaki zaczęły pękać z wielkim hukiem. Za czym ruszyły się dzieci wygrzebywać je patykami z żaru i z popiołu.

Uczony mąż wszakże przeląkł się srodze owego nagłego huku i skoczywszy w bok, stanął za polnym kamykiem; dopiero z tej fortecy przypatrywał się dzieciom jedzącym jakoweś okrągłe i dymiące kule, których nie znał. Za czym rozwarł księgę i oparłszy ją na owym polnym kamyku, takie w niej słowa drżącą ręką pisał:

„Lud w tej krainie tak jest wojenny i mężny, iż drobne dzieci pieką w gorącym popiele kartaczowe kule, które gdy w żarze z trzaskiem pękać poczną, co jest całkiem niebieskiemu grzmotowi podobne, wtedy chłopcy, od pieluch już śmiercią gardzący, a i mdłe dziewczątka nawet, wygrzebują one pękające z okrutnym hukiem kartacze i dymiące jeszcze wprost do gęby kładą. Czego naocznym bywszy świadkiem, a wydziwować się takiemu rycerskiemu animuszowi nie mogąc zgoła, ku wiecznej pamiątce potomnych rzecz tę zapisuję. Dan w polu na ugorze, o przedwieczorowej porze".

Po czym następował podpis i zakręt zamaszystszy jeszcze niżeli poprzedni.

Tymczasem rozszedł się w polu tak smakowity zapach pieczonych kartofli, iż mąż uczony poczuł nagle jakowąś czczość w sobie i głośne burczenie żołądka.

A widząc, że one kartacze pękające najmniejszej szkody pastuszkom nie czynią, że się owszem dzieci po brzuszynkach aż głaszczą od owego wybornego jadła, wyszedł zza kamyka ostrożnie i z wolna się do ogniska przybliżył. Zaraz też Zośka Kowalczanka, ukruszywszy nieco ziemniaka, podała mu na gałązce chrustu, zachęcając, aby brał i jadł.

Nie bez trwogi Koszałek-Opałek wziął oną kruszynę w usta, ale wnet posmakowawszy, wyciągnął rękę po więcej. Kruszyły tedy dziewczątka co najpiękniej dopieczone ziemniaki i po oskubince mu dając, tak się z nim oswoiły, że Kasia Balcerówna ostatni kęsek sama mu w usta włożyła, na co wszystkie, a najgłośniej Kasia, zapiszczały z okrutnej uciechy.

III

Podjadłszy tedy sobie, Koszałek-Opałek znów u ognia siadł, a gdy chłopcy świeżego chrustu narzucili, a iskierki po suchych gałązkach wesoło zaczęły skakać, tak pastuszkom o Krasnoludkach powiadał:

– Drzewiej nie nazywali my się Krasnoludki, ale – Bożęta. Nie mieszkali my też pod ziemią, pod skałkami albo pod korzeniami drzew starych, jako mieszkamy teraz, ale po wsiach, w chatach, razem z ludźmi. Dawno to było, przedawno! Jeszcze nad tym tu krajem panował wtedy Lech, który ufundował miasto Gniezno na tym miejscu, gdzie gniazda białych ptaków znalazł. Bo mówił sobie: „Jak tu ptaki w bezpieczności mieszkają, to musi ziemia cicha być i dobra".

Jakoż była.

O tych ptakach mówią ludzie, że to były orły, ale w naszych starych księgach stoi, jako to były bociany, po równinach łąkowych brodzące, które tam sobie gniazda w obfitości słały. Jak było, tak było, dość że się cała ta kraina Lechią od owego Lecha poczęła zwać, a lud, który w niej mieszkał, też miano Lechitów przyjął, chociaż sąsiedzi zwali go i Polanami także, iż był to naród polnych oraczów i za pługiem chadzał. Co wszystko w naszych księgach starych pod pieczęcią stoi.

– A to boru wtedy nie było? – zapytał nagle cienkim głosem Józik. – Ani rzeki, ani nic?

– Jakże! – odrzekł Koszałek-Opałek. – Był bór, i to nie taki jak dziś, ale puszcza okrutna i bez końca prawie. A w puszczy mieszkał zwierz srogi i wielki, i tak ryczący, że drzewa, co słabsze, pękały. Ale że my, Krasnoludki, to tylko o niedźwiedziach wiemy. Powiadał mi raz pradziad mego prapradziadka, że jak go taki niedźwiedź wygarnął razem z pszczołami i miodem z lipowego dziupla, to go do pół zimy u siebie pokojowcem trzymał i bajki sobie dzień i noc prawić kazał, a sam łapę tylko cmokał i w barłogu drzemał. Dopieroż jak srogi mróz ścisnął, a niedźwiedź tego chrapał, puścił się pradziad mego prapradziadka biegiem z onej puszczy i po siedmiu latach wędrowania do swoich powrócił.

Śmiały się dzieci, słuchając tej przygody, a Koszałek-Opałek tak dalej prawił:

– Ho! ho!… To były czasy!… Nad polami, nad wodami szumiały wtedy lipowe gaje, a w nich mieszkał jeden stary, stary bożek, imieniem Światowid, który na trzy strony świata patrzał i nad całą tą krainą miał opiekę.

Ale co domostw, dobytku i obejścia, to pilnowały ich Bożęta, które też i „Skrzatami" dla ich małości zwano.

„Każda chata ma swego Skrzata" – mawiał lud w te stare czasy, a nam też dobrze było i wesoło, bo my przy wszelakiej robocie pomagali gospodarzom naszym: to koniom owies sypali, a przedmuchiwali z plewy, żeby samo gołe ziarno się złociło; to sieczkę rznęli, to trzęśli słomę, to kury zaganiali na grzędę, żeby nie gubiły jaj w pokrzywach, to masło w maślenicy ubijali, to wyciskali sery, to dzieci kołysali, to motali przędzę, to na ogień dmuchali, żeby kasza prędzej gotowa była. Jaka tylko była robota w chacie i w obejściu, precz my się każdej chwytali ochotnie. Co prawda, nie szło to darmo! Jak nie gospodarz, to gospodyni pamiętała o nas. Zawsze w świetlicy na brzeżku ławy były kruszyny chleba i twarogu, zawsze w kubku trochę miodu albo chociaż mleka. Było z czego żyć. A wychodziła gospodyni na ogród pleć albo z sierpem w pole, to się tylko od tego proga obejrzała, z bodni garstewkę prosa wzięła i sypiąc po izbie, mówiła:

Bożęta! Bożęta! Niech który pamięta
O dzieciach, o chacie... A tu proso macie!

I szła spokojnie do roboty. A my smyrk spod zapiecka, smyrk spod ławy, smyrk spod malowanej skrzyni. Nuż w izbie gospodarzyć, dzieciom prawić, chłopcom koniki strugać, dziewuszkom łątki wić, warkoczyki splatać. [...]

Pracy, co prawda, było dość, ale tej wdzięczności ludzkiej jeszcze więcej. [...]

Hej! hej! Gdzie to te czasy! Gdzie?!

[...]

VII

Tymczasem Koszałek-Opałek, chyłkiem się ku borowi przebrawszy, szedł leśną gęstwiną prawie że w zupełnym pomroku. Bo choć dzień jasny był jeszcze na świecie, tu przecież padał cień tak głęboki od jodeł i sosen, iż trudno było ścieżynę obaczyć.

Szedł tak Koszałek-Opałek godzinę może, może więcej. Już mu się ta podróż przykrzyła, a i głód ponownie dokuczać zaczął, kiedy potknąwszy się nagle, wpadł w dosyć głęboką jamę.

W jamie tej mieszkał lis Sadełko, sławny na całą okolicę łapikura; ten sam właśnie, na którego baby urządziły ową niefortunną wyprawę.

Siedział on właśnie w kącie swej komory i kończył ogryzać tłustego kapłona, którego pióra leżały rozrzucone tu i ówdzie po jamie.

Kiedy Sadełko ujrzał wpadającego Koszałka, natychmiast przerwał ucztę, grzebnął łapą raz, grzebnął drugi, w zrobiony naprędce dołek rzucił kości, nakrył je ziemią i patrzy.

Koszałek-Opałek wydał mu się bardzo śmiesznym, gdy tak wywijając w powietrzu koziołki, do jamy wpadał, ale chytry Sadełko nie okazał tego po sobie i skromnie spuściwszy ogon, do gościa podszedł.

– Pan dobrodziej – rzekł słodko – pomylił się co do drzwi, jak widzę!

– W istocie – odparł Koszałek-Opałek. – Ciemno tu trochę i nie zauważyłem właściwego wejścia. Mam przy tym oczy osłabione ustawiczną pracą nad moim wielkim dziełem historycznym.

– Ach! – zakrzyknie na to Sadełko z zapałem. – Mam więc zaszczyt powitać uczonego i kolegę! I moje życie upływa na grzebaniu w księgach! I ja piszę wielkie dzieło o rozwoju hodowli kur i gołębi po wsiach, podaję nawet projekty nowego sposobu budowania kurników dla drobiu. Oto pióra, którymi się posługuję w mej pracy.

Tu skromnym gestem wskazał rozrzucone po kątach pióra świeżo zduszonego kapłona.

Zdumiał się uczony Koszałek-Opałek.

Jeśli on jednym jedynym piórem szarej gęsi tak wielką zdobył sławę u swego narodu, jakże sławnym musi być ten, który całe pęki tak świetnych i złocistych piór zużył!

Ale Sadełko zbliżył się do niego i rzekł:

– A ty, kochany panie kolego, skąd masz to piękne pióro i gdzie przebywa to lube stworzenie, z którego ono pochodzi? Rad bym z nim zabrać jak najbliższą znajomość.

– Pióro to – odrzekł Koszałek-Opałek – pochodzi ze skrzydła gęsi, którą pasie razem z całym stadkiem sierotka Marysia.

– Z całym stadkiem? – powtórzył zachwycony Sadełko. – I powiadasz, kochany kolego, że je pasie mała sierotka? Mała sierotka, która zapewne dać sobie rady ze stadkiem tym nie może? O, jakżebym jej chętnie dopomógł! Jakże chętnie wyręczyłbym w pracy tę interesującą biedną sierotkę! Trzeba ci wiedzieć, kochany kolego, że serce mam litościwe bardzo, bardzo! Po prostu tak miękkie jak masło majowe!

Tu uderzył się łapą w piersi na znak szczerości słów swoich, a zbliżywszy się jeszcze bardziej do uczonego Koszałka-Opałka, pióro owo gęsie obwąchiwał przez chwilę, po czym otarłszy oczy, rzekł:

– Nie dziw się, kochany kolego, mojemu wzruszeniu! Czuję w tej chwili jakby objawienie moich przeznaczeń: nawracać zbłąkane gąski – to powołanie moje. Dopomagać w pasieniu ich sierotkom – to wielki cel mego życia!

I natychmiast, podniósłszy w górę obie przednie łapy, zawołał:

– O wy, niewinne istoty! O wy, słodkie, miłe stworzenia! Cały się odtąd poświęcę na usługi wasze!

To powiedziawszy, zaraz ku wyjściu się obrócił i szedł z jamy precz, a za nim długim, ciemnym korytarzem postępował uczony Koszałek-
-Opałek.

Uszli już kawałek drogi razem, kiedy się lis obrócił i rzekł:

– A nie zapomnij, kochany panie i kolego, zapisać dzisiejszego spotkania w swej szacownej księdze. Tylko żadnych pochwał, żadnych kadzideł dla mnie! Napisz po prostu, żeś spotkał wielkiego przyjaciela ludzkości, nazwiskiem Sadełko – o nazwisku nie zapomnij, proszę – wielkiego uczonego, autora dzieł wielu, słowem, lisa całkiem wyjątkowej natury, godnego najwyższego zaufania tak pastuszków gęsi, jak i wszystkich właścicieli kur i kaczek. Rozumiesz, kochany kolego, że wrodzona skromność nie pozwala mi rozszerzać się zbytnio o własnych przymiotach; poprzestaję tedy na krótkiej wzmiance, zostawiając resztę domyślności twojej.

Uścisnęli się jak bracia i szli dalej.

A już poczęła się do podziemia sączyć jasność coraz żywsza i coraz rumieńsza, i coraz większe ciepło przenikało z wierzchu.

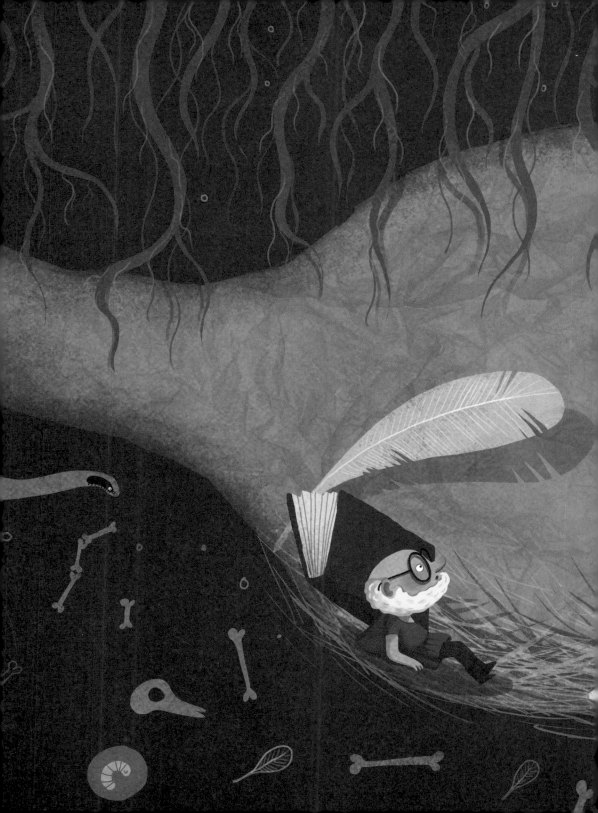

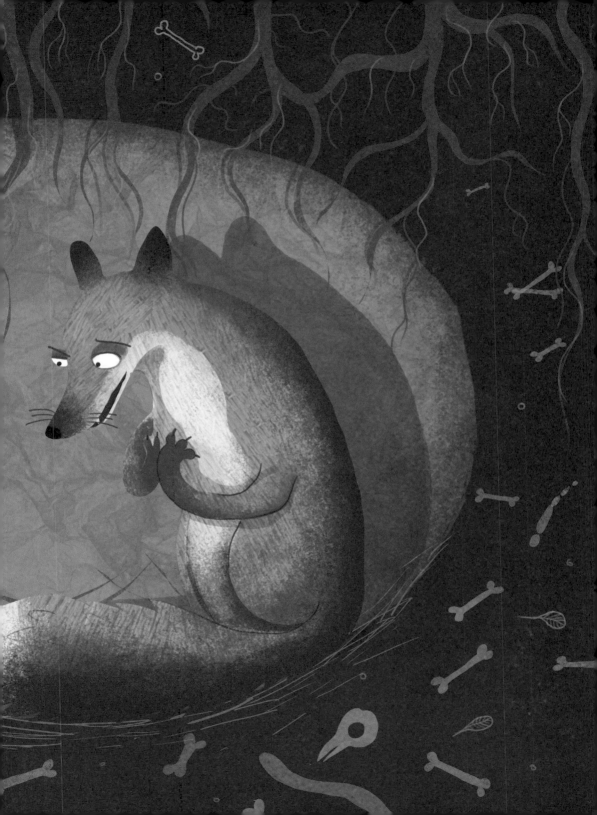

Aż kiedy przyszli do miejsca, w którym pod pniem wydrążonym wyjście było na świat, dał lis susa i krzyknąwszy towarzyszowi: – Do widzenia! – znikł w gęstych zaroślach.

Owionęła Koszałka-Opałka woń mchów wilgotnych i świeżo wyklutej trawy, więc czując, że mu się w głowie kręci, siadł na zeszłorocznej szyszce i wypoczywał chwilę przed dalszą podróżą, uradowany, iż z tak zacnym zwierzem los mu się poznać dozwolił.

VIII

[...]

A wtedy od południowego stoku wzgórza wyszła piękna dziewica, trzymając ręce wzniesione nad ziemią i błogosławiące. Bosa szła, a spod jej stóp błyskały bratki i stokrocie; cicha szła, a dokoła niej dźwięczały pieśni ptasze i trzepoty skrzydeł; ciemna była na twarzy, jak ciemną jest świeżo zorana ziemia, a gdzie przeszła, budziły się tęcze i kolory; oczy spuszczone miała, a spod jej rzęsów biły modre blaski.

To była Wiosna.

Szła tak blisko Koszałka-Opałka, że go trąciła jej lniana szatka, ciepłym tchem wiatru owionęła i tuż przy nim zapachniały fiołki, przytulone równianką do jej jasnych włosów. Ale uczony kronikarz tak był zajęty obliczaniem: jak, kiedy i którędy wiosna ma przybyć na świat, że zgoła jej przyjścia nie widział. Pociągnął tylko długim nosem woń słodką, ulotną i pochylony nad swą wielką księgą, pilnie zapisywał to wszystko, co mu z rachunku wypadło.

Z rachunku wypadło mu to, że wiosna wcale na świat już nie przyjdzie. Że drogę zgubiła, za morzem została i do tej krainy nie trafi. Wypadło mu z rachunku, że skowronki i słowiki śpiewać nie będą, bo całkiem zachrypły, że krakanie wron będzie odtąd jedyną pieśnią na świecie, że wszystkie nasionka kwiatów wicher uniósł w niezmierzone przepaście, że nie zakwitnie ani róża, ani lilia, ani jabłoń polna. Wypadło mu i to także z rachunku, że zorza zgasła, że słońce na nic sczerniało, że dni zamienią się w noce, a pola, zamiast traw i zbóż, pokryją wieczne śniegi.

Pisał właśnie te słowa, otaczając się kłębami dymu z wielkiej swojej fajki, nadęty pychą, iż taki mędrzec z niego jest i taki prorok, kiedy nadleciały nad to wzgórze trzy ogromne czarno-złociste, kosmate bąki i nuż się ścigać w modrym powietrzu, obrawszy sobie za cel i za metę lśniącą łysinę Koszałka-Opałka. Już ją obleciały raz, drugi i trzeci, hucząc donośnym basem, a jeszcze ich, zagłębiony w księdze swej, uczony nie słyszał.

Wtem, gdy właśnie kropkę na końcu wróżby swej stawiał, paf go coś w łysinę raz! paf drugi! paf trzeci, czwarty, dziesiąty!

Krzyknął Koszałek-Opałek wielkim głosem, myśląc, że świat się wali, wypuścił fajkę z zębów, rzucił pióro i w stronę uskoczył, obalając w skoku tym na szacowną księgę wielki swój kałamarz.

Polały się czarne strugi wprost na świeżo zapisane karty; Koszałek-Opałek skamieniał prawie.

Na nic proroctwa jego! Na nic obliczenia!…

Cała księga zalana rzeką atramentu.

Co zrobi teraz? Z czym do króla wróci?

Tak mądrze, tak pięknie obrachował wszystko – i wszystko na nic.

Załamał ręce nieszczęsny kronikarz, bo z nagłego przestrachu cała go mądrość opuściła. Teraz już naprawdę nie wiedział – czy wiosna przyszła, czy nie przyszła?…

Stał tak do południa, stał tak do wieczora.

Wskroś zachodniej zorzy zaczęły przyświecać gwiazdy, woń kwiatów biła z pól i łąk, piękna dziewica dochodziła już do skraju lasu, a pod jej stopką bosą zakwitła pierwsza konwalia.

[…]

Podziomek spotyka sierotkę Marysię

[...]

VI

Tymczasem Koszałek-Opałek chodząc po lesie tam i sam dla roz-
grzania się, iż noc była chłodna, trafił na jakiś dość wysoki, piaszczysty
pagórek i głęboką pod nim wykopaną norę. Dość było okiem rzucić,
aby poznać, że to jama lisia.

Ale nasz kronikarz, w księgach cały swój żywot spędziwszy, mało
się znał na tym.

Stanął tedy jak wryty, rozmyślając, co by to być mogło.

„Góra? Nie góra? – myślał. – Forteca? Nie forteca? Ej, kto wie, czy to
nie będzie stara pogańska świątynia dawnych Krasnoludków? Bardzo
możliwe! Bardzo możliwe!” – I z największą uwagą obchodzić dooko-
ła zaczął.

Wtem z owej jamy wychyliła się ostrożnie spiczasta ruda głowa,
o pałających oczach i nadzwyczaj silnych, ostrych zębach.

Wychyliła się, cofnęła, znów wychyliła, aż się z wolna wysunęło za
nią wysmukłe ciało Sadełka.

Sadełko poznał od razu Koszałka-Opałka, lecz przybrawszy obojęt-
ną i poważną minę, postąpił ku niemu kilka kroków i rzekł:

– Kto jesteś, nieznany wędrowcze, i czego szukasz w tych miejscach
poświęconych nauce i cnocie?

– Jestem nadwornym kronikarzem króla Błystka z Kryształowej Groty, do usług Waszej Łaskawości – odrzekł uprzejmie Koszałek-Opałek.

– Ach, to ty, uczony mężu! – zakrzyknął na to Sadełko. – Jakiż szczęśliwy traf cię tu sprowadza? Jak to! Czyli mnie już nie znasz? Jam jest Sadełko, uczony autor ksiąg wielu, któregoś łaskawie przed niejakim czasem nawiedził.

Uderzył się dłonią w czoło Koszałek-Opałek i rzecze:

– Jakże! Pamiętam! Żem też mógł zapomnieć na chwilę! Proszę, najmocniej proszę, niech mi to Wasza Łaskawość przebaczy.

Mówił: „Wasza Łaskawość”, albowiem nie zdawało mu się odpowiednią rzeczą tak zacnego zwierza wprost „panem”, jak pierwszego lepszego golibrodę, nazywać.

Padli tedy sobie w objęcia, całując się i ściskając wzajem, po czym Koszałek-Opałek rzekł:

– Rad bym się od Łaskawości Waszej dowiedział, co znaczy to wzgórze, które tu przed sobą widzę? Nie będzie to zbytnią śmiałością z mej strony, gdy o wyjaśnienie prosić będę?

– O! To drobnostka! – Sadełko na to z uśmiechem odrzecze. – Kazałem usypać to wzgórze, aby zawsze mieć pod ręką dość piasku do zasypywania ksiąg moich uczonych.

Tu spuścił wzrok zadumany i potarłszy łapą czoło, dodał skromnie:

– Pracowałem tymi czasy wiele… bardzo wiele… A jakże tam dzieło szanownego kolegi? – rzekł po chwili z uprzejmym ożywieniem.

– Och! – jęknął Koszałek-Opałek. – Lepiej nie mówmy o tym. Spotkało mnie najgorsze nieszczęście, jakie tylko spotkać może autora: księga moja została zniszczona, a pióro złamane!

– Złamane? – pochwycił w lot Sadełko, w którego głowie oczy zabłysły, a zęby jeszcze się ostrzejszymi wydały. – Ależ nic łatwiejszego, jak odzyskać je, i to niejedno! Pięć, dziesięć, co mówię? Setkę piór gotów jestem szanownemu koledze dostarczyć za drobną, drobniutką, za tak drobną, jak to ziarnko piasku, przysługę! I to dziś jeszcze! Zaraz! Za godzinę!

Wziął teraz Koszałka-Opałka pod ramię i przechadzając się z nim poufale, tak mówił przyciszonym głosem:

– Jest tu w okolicy pies, którego wprost znosić nie mogę. Sam nie wiem, co jest powodem tej odrazy: czy jego szpetna powierzchowność, czy złe obyczaje – gdyż całe dnie siedzi bezczynnie przy jakichś tam mizernych siedmiu gąsiakach, którym przecież nic złego nie grozi; dość, że ścierpieć nie mogę tego nikczemnego zwierza i rad bym się go choć na parę chwil pozbyć. A jak na złość, przychodzi on razem z małą, obdartą dziewczyniną i z tymi nędznymi gęśmi, na których tylko skóra i kości, aż tu na tę łączkę pod lasem, wprost mego mieszkania, zatruwając mi swym widokiem godziny poświęcone uczonym pracom. Otóż jak tylko dziś przyjdzie, podrażnij go trochę, kochany kolego, tak aby się za tobą uganiać zaczął i odbiegł dalej nieco, a ja tymczasem dokończę w spokoju dzieła, nad którym rozmyślam od dawna. Co gdy się tylko stanie, będziesz miał sobie wręczony cały pęk piór najwyborniejszych, i to takiej cnoty, iż gdy wziąwszy jedno z nich w rękę, zaśniesz z wieczora, rankiem zbudziwszy się, ujrzysz już ćwierć księgi napisanej. Takie to pióro!

Przełknął ślinę Koszałek-Opałek, któremu nagle oczy zaświeciły, i rzecze:

– Ależ chętnie, najchętniej! Ależ z całego serca! Proszę, niech mną Wasza Łaskawość rozporządza, jak sama za dobre uzna! Cały jestem na usługi Waszej Łaskawości.

Tu kłaniać się począł lisowi, szastając się to w lewo, to w prawo, i z wielką serdecznością ściskał obie przednie jego łapy.

Tymczasem mgła poranna z wolna się rozpraszać zaczęła, ukazując czysty błękit wiosennego nieba. Zagęgały gąsiory, zakrzyknęły gęsi, tu, ówdzie zapiał kogut na wysokiej grzędzie; zaraz też w zbudzonej ze snu wiosce zaskrzypiały żurawie studzienne, zaryknęło wypędzone na wczesną paszę bydło, a spod strzech słomą krytych zaczęły się unosić pasemka sinego dymu, znak, że tam gospodyni wytrzęsła jeszcze nieco zeszłorocznej mąki i polewkę dla domowych warzy. Wody zagotuje, mąkę zaklepie, nieco serwatki doda, osoli i na miskę leje, wołając:

– Dalej, dzieci, chodźcie jeść! Naści łyżkę, Jagna! Śpiesz się, Maciuś, bo cię Wicek odje! Dalej! Prędzej! Dwa razy bierz, raz łykaj, żeby gęsi za rosy na pastwisko pognać.

Za chwilę słychać okrutne trzaskanie z biczów i pokrzykiwanie cienkich, dziecięcych głosików:

– Halela, gąski! halela!... halela!... na trawę!

Wzbija się kurzawa na piaszczystej drodze, wrzask gęsi miesza się z pokrzykiwaniem pastuszków, klaskanie biczów rozlega się szeroko w powietrzu, a nad całym tym gwarem panuje przeraźliwy krzyk sołtysowego gąsiora, który idzie, machając skrzydłami, przed stadem jakby wódz przed wojskiem.

Ale od jednej chaty śpieszy na łączkę pod bór małe stadko gęsi: cztery białe, a znów trzy siodłate. Za gęśmi idzie Marysia sierotka, w zgrzebnej koszulinie, w modrej spódniczynie i boso. Uboga jej odzież schludna jest i czysta, złote włoski uplecione, twarzyczka pięknie umyta; idzie Marysia po łączce tak lekko, że trawki nie czują prawie jej ciężaru.

Przy Marysi biegnie mały, żółty piesek, wesoło machając ogonem i poszczekując na gąski, gdy która chce się odbić od stadka. [...]

Śpiewając, przyszła Marysia na łączkę, na góreczce siadła, a stadko jej chodziło koło niej, gęgając i skubiąc młodą trawkę.

Obleciał je raz i drugi mały wierny Gasio, tu siodłatą skubnął, że za daleko w pole szła, tu na białą szczeknął, żeby pilnowała stadka, po czym położył się na skraju łączki i w bór patrzył. Ogromnie czujny psiak był z tego Gasia! [...]

W tej chwili czujny Gasio warknął raz i drugi. W krzaku leszczyny pod samym borem rosnącej zaruszało się coś, zaszeleściło i ucichło. Podniósł się Gasio na przednie łapy i nastawiwszy uszy, czekał, co z tego będzie.

Jakoż znowu ten szelest dał się słyszeć i znowu ucichło.

Gasio warknął i wyszczerzył zęby.

Ale Marysia nie słyszała tego. […]

Tymczasem z krzaków leszczyny wychyliła się dziwaczna postać małego człowieczka z głową w czerwonym kapturze, z siwą brodą i w okularach na potężnym nosie. Wychyliła się i na Gasia palcem kiwać zaczęła.

Porwał się psiak i ku krzakom skoczył, ale postać owa już z innego, dalszego krzaka kiwała na niego palcem. Gasio rzucił się dalej; lecz dziwny ów człowieczek w czerwonym kapturze już znów gdzie indziej wychylał się i palcem kiwał.

Im bardziej psiak się w bór zapędzał, tym szybciej czerwony kaptur migał między krzakami, to w prawo, to w lewo, aż się znaleźli obaj w szczerym borze, wśród ogromnych sosen.

Już Gasio dopędzał małego człowieczka, kiedy ten skoczył nagle w bok i szybko się wdrapawszy na drzewo, z góry na psa palcem kiwać zaczął.

Rozjątrzony Gasio rzucił się do drzewa z tak wściekłym ujadaniem, że się Marysia nagle ze swego zaśpiewania ocknęła, a słysząc tak niezwykłe szczekanie wiernego pomocnika, zaczęła w najwyższym strachu wołać:

– Gasiu! Gasiu! – I porwawszy się z górki, w las wbiegła.

Na to tylko czekał Sadełko.

Jednym susem między gęsi wpadłszy, chwycił za gardło najbliższą i zdusił, zanim krzyknąć zdołała: „ratujcie!". Rzuciwszy ją w krzaki, chwycił drugą z brzegu i tak samo jej w szyję ostre zęby wpił, i to z taką gwałtownością, że w pół krzyku ostatni dech wydała. Za czym ją także w krzaki powlókłszy, między resztę wpadł.

Podniósł się teraz krzyk srogi wśród gęsi, które rozbójnika poznawszy, uciekały przed nim, jedne piechotą w pole, inne na skrzydłach się rwąc, w śmiertelnym popłochu.

Ale Sadełko jednym susem dopadł najpiękniejszej siodłatki, raz tylko zębami kłapnął i o ziemię ją cisnąwszy, za tymi biegł, które na skrzydłach utrzymać się nie mogąc, spadały na ziemię z przeraźliwym wrzaskiem przed samą paszczą lisa.

Posłyszała Marysia w lesie wrzask ów straszny i krzyknąwszy nieludzkim głosem: – Reta! – ku gąskom swoim, co tchu w piersiach, biegła.

Tymczasem Sadełko, ostatnią z siwych gąsek zagryzłszy, oblizał krwawą paszczę i pałającym wzrokiem na pobojowisko patrzał.

Jakby wichrem niesiona leciała Marysia od lasu, z wyciągniętymi przed siebie rękami, jakby wiatrem niesiona na łączkę wpadła, na pobite gąski spojrzała i z przeraźliwym krzykiem: – Jezu! – na ziemię runęła.

VII

Kto by onego ranka o świcie pod lasem się był znalazł, miałby tam ucieszny widok.

Oto mały człowieczek w czerwonym kapturze dziwne szprynce wyprawiał, po przylegających do lasu tego błotach z kępy na kępę skacząc, szuwaru się ostrego chwytając, między trawą jak pływak nurkując, to znów zapadając głęboko w grząskie, mchem porosłe mokradła.

Nie kto inszy to był, tylko nasz znajomy Podziomek. Lecz jakże zmieniony srodze! Z dawnej okazałej tuszy tyle na nim tłuszczu zostało, co na komarze sadła. Luźna opończa wisiała mu na grzbiecie jakby pożyczona, chude nogi tkwiły jak patyki w spadających co chwila papuciach, ogromna głowa chwiała się na zbyt cienkiej szyi, a wychudzone jak piszczałki ręce ledwie utrzymać mogły wielką fajkę, w której zamiast tytoniu tliły się olszowe liście.

Oto co podróż i pobyt w Głodowej Wólce uczyniły z naszego poczciwego tłuściocha.

Ale nie była to zmiana jedyna. Głód, jakiego Podziomek stale teraz doznawał, nauczył go wielu rzeczy. On nauczył go także z kępy na kępę skakać, po mokrych trawach brodzić i czajczych jajek szukać. Zatrwożona czajka błotna, bijąc skrzydłami tuż nad głową skaczącego Krasnoludka, przeraźliwym głosem krzyczała: Kiwi! kiwi! kiwi! kiwi!

Biedna czajka! Zdawało jej się, że tym krzykiem odstraszy napastnika, który lada chwila mógł znaleźć jej gniazdo w trawach głęboko ukryte, a w gnieździe jedyne, pierwsze tego roku zniesione jajeczko.

Gdy więc tak coraz głośniej krzycząc, omal że go nie ogłuszyła i wrzaskiem, i skrzydeł trzepotem, stanął Podziomek zniecierpliwiony i rzecze:

– Ciszej, ty głupi ptaku! Ty kumoszko sroki! Czy myślisz, że ja tu z rozkoszy po błotach się topię? Jeszcze tyle rozumu mam, żebym kawał kiełbasy wolał niźli twoje jajko! Z głodu to czynię, z głodu, który mnie tu o utratę żywota mało nie przyprawi! Folguj tedy, a nie drzyj dzioba, bo ci łeb ukręcę!

Tu głowę spuścił i kiwając nią, smutnie dodał:

– Dlaboga! W jakieżem terminy popadł i co mnie spotyka! O przeklęta Wólko, coś miała Sytna być, a jesteś Głodowa! O niepoczciwy chłopie, któryś mnie w tak złą fortunę wprawił!

Mówił tak jeszcze, kiedy mu się nagle wydało, że płacz rzewny słyszy.

Ściągnął nieco kaptura i rękę w trąbkę zwinąwszy, do ucha ją zbliżył. Wyraźnie płacz słychać! Właśnie jakby głos dziecka.

– Niech zginę! – rzecze Podziomek, który serce litościwe mając, łatwo się cudzą biedą rozczulał. – Niech zginę, jeśli temu nieborzątku nie gorzej się jeszcze niżeli mnie dzieje! Pójdę, zobaczę, co jest!

I wnet, zapominając o swym głodzie, z błot ku lasowi zawrócił i ku wielkiej uciesze czajki prosto na ten głos szedł.

– Wyraźnie dziecko płacze! – mówił, stawiając z kępy na kępę coraz większe kroki, właśnie jak to bocian czyni.

Zaledwie się wychylił z oczeretu, który tu gęstą ścianą stał, kiedy zobaczył pod lasem niewielką łączkę i małą, siedzącą wśród niej na wzgórku dziewczynkę, która ukrywszy twarz w obie ręce, żałośnie płakała.

Wzruszyło się na ten widok serce poczciwego Krasnoludka, więc przyśpieszywszy kroku, podszedł do dziewczynki i rzecze:

– Czegóż to płaczesz, moja mościa panno, i jaka cię krzywda spotyka?

Marysia drgnęła i odjąwszy od twarzy rączki, patrzyła na Podziomka szeroko otwartymi oczyma, słowa nie mogąc przemówić z ogromnego dziwu.

Więc on znowu:

– Nie lękaj się, proszę, moja mościa panno, bom jest życzliwy pannie i przyjaciel.

– Jezu!… – szepnie na to Marysia. – Co to takiego? Małe jak łątka, a gada jak człowiek! Jezu!… Ja się boję!

I już się porywała z tej góreczki precz uciekać, ręce do góry wznosząc jakoby ptak skrzydła.

Ale Podziomek zastąpił jej drogę i rzecze:

– Nie uciekaj, mościa panno, bom jest Krasnoludek Podziomek, który ci ku pomocy chce być!

– Krasnoludek! – powtórzyła jakby sama do siebie Marysia. – Toć wiem! Toć mi nieraz o tych Krasnoludkach mateńka mówiła, że dobre są!

Na to Podziomek z wielką fantazją:

– Mateńka jejmość panny mówiła szczerą prawdę! Rad bym jej dziękował za to!

Marysia, trzęsąc swą główką złotą, rzecze:

– Nie żyje mateńka moja!

– Nie żyje? – powtórzył smutnie Podziomek. – Oj, ciężkie to słowo! I kamień letszy od niego!

Pokiwał brodą, westchnął, a potem:

– Jakże się zwała mateńka? – zapytał.

– Kukulina! – odpowie Marysia.

– Kukulina?… A, dobrodziejkoż ty moja! A to my się znamy! A to waszmość panna nie kto, tylko ta mała Marychna, co to oczki stulała, sypiąc srebrne łezki litościwe wtedy, kiedy mnie zła baba ledwo nie ubiła. Aj, królowoż ty moja! A tośmy się zeszli. A to nas fortunny los zetknął! Mów, rozkazuj, co czynić mam, abym ci w tym ciężkim żalu mógł ulżyć.

Ale Marysia, wspomniawszy na przygodę swoją, tym mocniej płakać zaczęła.

– Nie, nie! – mówiła, płacząc. – Nic mnie nie pocieszy!

Stał przed nią Podziomek, założywszy fajkę za plecy, i uspokajał ją najsłodszymi słowy.

– Szkoda – mówił – modrych oczt waćpanny na takie gorzkie płakanie.

A Marysia:

– Nie jestem ja waćpanna, tylko Marysia sierotka!

– Tym więc skwapliwiej chcę waćpannie służyć, iżeś sierotka! Dlaboga, dość tych łez! Gdzież jest chata waćpanny?

– Nie mam chaty! Wypędziła mnie gospodyni, com jej gąski pasła.

– A to zła, niepoczciwa kobieta! – rzecze oburzony Podziomek.

A Marysia prędko:

– Nie, nie! To ja zła! To ja niepoczciwa! To przeze mnie lis gąski podusił. O gąski moje! gąski! – zawołała z nową żałością i znów oczy rączkami zakrywszy, zaniosła się płaczem.

Odjął Podziomek rączki od twarzy dziewczynki i rzecze:

– Na nic tu płakanie. Trzeba do chaty wracać!

– Nie, nie! – wołała tym żałośniej Marysia. – Nie mogę, nie chcę wracać! W świat pójdę! Do boru pójdę! Pójdę, gdzie mnie oczy poniosą!

– Co zaś w boru czynić zamyślasz? Świat też nie grzęda, by go w kółko obejść. Na nic pokuta taka!

Tu skubać zaczął i szarpać siwego wąsa, w ziemię patrząc, po czym rzekł:

– Może bym ja na to znalazł radę, żeby gospodyni za gąski zapłacić. Dużoż tego było?

Ale Marysia zaniosła się na to wielkim płaczem, wołając:

– Co, co mi z tego, kiedy już nieżywe! Kiedy poduszone, pobite… O Jezu! O Jezu!

Widząc tedy tak srogą i nieutuloną żałość, zamyślił się Podziomek i znów wąs siwy szarpiąc, w ziemię patrzył. Wreszcie rzekł:

– Ha, kiedy tak, to nie ma co, tylko trzeba iść do królowej Tatry. Ta jedna poradzić może!

Podniesie na to prędko Marysia oczęta, dwie modre gwiazdy, w których nadzieja zatliła, i spyta:

– A dobraż ona?

– Nad wiek widzę roztropność w tobie – odpowie Podziomek na to – iż nie pytasz wpierw, czy mocna, ale czy jest dobra. Cóż bowiem jest moc wszelka bez dobroci? Nic i mniej jeszcze! Więc gdy mi taką otuchę swym dobrym rozumem czynisz, to zabierajmy się w drogę, która jest daleka i trudna, a ja rad waćpannę do królowej Tatry doprowadzę, bo łzy sieroty godne są pocieszenia i wszelkiej pomocy!

Podniosła się na te słowa Marysia i otarłszy oczy, rzecze z prostotą:

– To idźmy!

I poszli.

[…]

Jak to ze lnem było

Był raz król taki, co miał wielkie królestwo wszelkiego dobra i bogactwa pełne, tylko że w nim złota nie było.

Pola tam były wielkie, sady śliczne, od grusz, od jabłoni czerwieniejące z dala, po lasach zwierzyny huk, w ziemi żelaza dość, na powietrzu ptactwo takie, że co jedno odleci, to drugie przyleci, bydła, koni, owiec stada okrutne, nieprzerachowane, po rzekach ryby jakie tylko są, i małe, i duże, kwiecia też po łąkach mnóstwo dla królewiątek małych; co jedno przekwitnie, to drugie zakwita. Ot, wszelkiej rozkoszy moc wielka! Miasta też były w tym królestwie znaczne i ludu po wsiach dość. Ale król niczym się nie cieszył, tylko ciągle markotny był, że złota nie ma w jego państwie.

– Cóż mi po tym zbożu – mówił – albo i po tych lasach, i po tych rybach w rzece, i po tych stadach wielkich, kiedy ja to wszystko muszę het, precz wywozić do moich sąsiadów za złoto, bo go u mnie nie ma. Żeby tu u mnie złoto było, cały lud mój by się ubogacił.

Lud jego biedny po wsiach skórami się odziewał i koszuli na grzbiecie nie miał, a dopiero sami bogacze z miasta musieli w dalekie kraje posyłać po materie drogie, po jedwabie na ubiory swoje.

– Bylem tylko złoto miał – mówił król – to mi już niczego nie braknie i memu ludowi.

Tak wyszedł raz sobie na drogę i chodzi w zamyśleniu wielkim, a drogą kupcy jadą.

Jak też zobaczyli króla, tak zaraz mu pokłon oddali, towary rozwiązują i pytają, czy czego nie trzeba. Król pokłon przyjął grzecznie, towary obejrzał, głową pokręcił i mówi:

– Na nic mi te wasze towary, bo mi tylko jednej rzeczy potrzeba.

Więc zaraz się dopytywać zaczęli czego.

– Potrzeba mi złota – mówi król – żeby u mnie w ziemi było, żebym je dobywać mógł i cały mój lud zbogacił, i siebie.

Zafrasowali się kupcy, bo tej woli królewskiej nie mogli uczynić, i zamilkli.

A był między nimi staruszek jeden, jako ten gołąb siwiutki, z brodą po pas, w bieli cały odziany i bardzo mądry. Ten, widząc frasunek swoich towarzyszów i króla, pragnącego złota dla ubogiego narodu, co koszuli na grzbiecie nie ma, pomyślał, wystąpił naprzód i rzekł:

– Królu, panie! Mam-ci ja takie siemię w mieszku, co jak je wiosną posieją w polu, to złoto ci się z niego urodzi.

I zdjął ze swego wielbłąda troki, i wyjął z nich spory mieszek, i przed królem postawiwszy, rozwiązał.

Król bardzo się zadziwił, że takie ziarno na świecie jest, co z niego złoto wyrasta. Onemu kupcowi sygnet piękny dał i choć mieszek był ciężki, sam go do zamku swego poniósł.

Nazajutrz dał wiedzieć w całym państwie, jako w ten a w ten dzień król sam będzie w polu takie ziarno siał, co z niego wyrośnie złoto.

Zadziwował się naród cały na taką nowinę, zbiegli się wszyscy na ono pole popatrzeć, jak też to cudowne ziarno wygląda. Matki prowadziły dzieci, synowie – ojców starych i zeszła się ludu wielka, wielka moc.

Aż król wyjechał na siwym koniu w bisior drogi ubrany, z muzyką, z trębaczami, z dworem całym, a za nim sam skarbnik królewski mieszek z ziarnem niósł pod baldachimem z karmazynu, co go czterech pachołków królewskich trzymało. Kiedy wszyscy na skraju pola stanęli, król koronę z głowy zdjął, że to niby prosty siewacz na swej roli staje, i wziąwszy od skarbnika mieszek, wzdłuż bruzdy pięknie wyciągniętej poszedł, czerpiąc z mieszka ręką ono ziarno cudowne i rzucając je w świeżo zoraną, czarną, pulchną ziemię. A tu zaraz za królem brony szły, co je najpierwsi panowie w onym królestwie prowadzili i ten po-

siew bronowali, jak zwykle żyto albo i pszenicę, albo insze jakie ziarno. Kiedy już pole zasiane było i zabronowane, król koronę znów na głowę włożył i wrócił z wielką paradą na zamek, z dworzanami i z muzyką, i z trąbami, i z wielką uciechą, że takie pole złota zasianego ma. Minął dzionek, minął drugi, król ciągle z okna w ono pole pogląda, czy złoto nie rośnie, ale nic.

Aż jednego dnia uderzył deszcz ciepły z nieba i słonko po nim przygrzało. Patrzy król, a tu na calusieńkim polu cości jakby ze ziemi na wierzch się parło. Uradował się bardzo.

– Oho! – mówi. – Nie zazna teraz mój naród biedy, jak mi się to złoto urodzi. Pole nie takie zasieję na przyszłą wiosnę, ale dziesięć razy większe.

I chodzi sobie wesół po komnatach, pieśni sobie śpiewać każe, sztuki różne pokazować – taki rad.

– Nie będę – mówi – patrzeć choć z tydzień w pole, aż zażółknieje złoto, żeby oczy moje uciechę miały.

Przeszedł tydzień. Patrzy król, a tu zamiast żółtego złota na calusieńkim polu śliczna zieloność, jakoby murawa, tak źdźbło przy źdźble wzeszło i do słońca w górę idzie. Zadziwił się bardzo w sobie i mówi:

– Myślałem, że od razu żółte złoto róść będzie, a tu zieleń taka.

Ale nic... więc czeka.

Czekał tydzień, czekał dwa, powyrastały łodyżki równiutkie jedna przy drugiej, jak to wojsko wielkie. Już się i pączki pozwijały, już i ku kwitnieniu się ma. A co kto przejdzie, to się dziwuje, że to złoto tak rośnie, jakby jakie zwyczajne ziele. Dworacy kręcą głowami, cości szepcą, cości między sobą radzą. Król patrzy, twarz pogodną zrobił i mówi:

– Nic to! Pewno się w kwitnieniu ono złoto okaże złotym kwiatem.

Jednego ranka pojrzy, aż tu pole jak długie i szerokie niebieszczy się tak, jak to niebo nad ziemią. Kwiatuszek koło kwiatuszka na łodyżce sterczy, aż się w oczach modro od tego robi, jakby w wodę patrzał.

Zadziwił się król, wąsa szarpnął, iż tak złoto ono modro kwitnie, cały dzień frasobliwie po komnatach chodził, wieczerzy jeść nie mógł i markotny spać się układł. Aż rankiem uderzył się w czoło i mówi:

– O, ja głupi! Wszakże to nie kwiat, ale nasienie będzie samo złoto! Czegożem się wczoraj frasował?

I począł dobrej myśli być, i ucztę panom swoim sprawił, i radowali się wszyscy, że król tak mądrze im to wyłożył o nasieniu owym, co złotem być miało – i tak wszyscy cieszyli się społem.

Przeszło lato, z kwiatuszków owych modrych porosły główeczki, takie okrągluśkie. Król idzie w pole, bierze w palce, ogląda i myśli:

„Już też w tych główeczkach na pewno złoto jest; tylko patrzeć, jak się to posypie".

Rozgniótł jedną, patrzy, aż tu takie samo siemię, jak to, które siał. Rozgniewał się król bardzo, dwór cały zwołał, kazał to zielsko z całego pola wyrwać, kijami zbić, że to mu takiego wstydu i zawodu narobiło, i do wody cisnąć. Pachołkowie rozkazanie królewskie wypełnili, łodyżki co do jednej wyrwali, kijami zbili, aż się ono nieszczęsne ziarno posypało, w pęki powiązali i do wody wrzucili. Ale że to już ich samych złość wzięła, więc jeszcze w wodę kamieniami ciskali i tyle tego narzucali, że się one łodygi w pękach zastanowiły, z wodą nie poszły i u brzegu, przywalone kamieniami, zostały.

Król tymczasem po całym świecie szukać słał onego kupca, żeby go stracić za ten postępek, że to takiego monarchę poważył się oszukać.

Tak szukają tego kupca, tak szukają – nic!

Król też znów smutny począł bywać, jako i na początku, i nieraz sam bez dworu w zamysłach różnych chodził, trapiąc się, że ludu swego nie mógł zbogacić. Idzie on raz brzegiem rzeki, patrzy – kamieni wielka moc, a spod nich cości sterczy. Zawołał pachołka, w wodę mu kazał iść i czeka. Niedługo pachołek wraca i powiada:

– Królu, panie! Toć to jest ono zielsko, co miało złoto rodzić i z pola wyrwane zostało.

A król:

– Jeszcze mi na oczach będzie to podłe zielsko leżeć? Mój wstyd przypominać? Weź mi je zaraz i wynieś precz, żebym go więcej nie spotkał!

Ano, poszedł pachołek po drugiego, one kamienie odrzucili, pęki łodyg przegniłych z wody wydobyli, wynieśli je het, pod las, cisnęli i poszli.

Kupca szukali tymczasem precz po całym świecie, wedle królewskiego przykazu.

Król ciągle się frasował, to tu, to tam jeździł po kraju, a co spojrzy na ten biedny naród, co koszuli na grzbiecie nie ma, to się omal łzami nie zaleje; takie litościwe serce miał.

Ano, widzą panowie, że król taki smutny, tak rada w radę uradzili, żeby wyprawić wielkie polowanie.

Zjechali się różni książęta, różni panowie, różni dostojni goście, nasprowadzali psów, koni, masztalerzów, psiarków, łuczników, naprzywozili łuków i różnej broni takiej, że to ha! różnych rarogów, dojeżdżaczy, sokolników: polowanie takie, że to na całe królestwo sławne.

Ucieszył się król tym widokiem, rozweselił, o strapieniu swoim coś niecoś zapomniał, bronie różne czyścić kazał, sfory ogarów sforować, charty na smycze brać, konie kulbaczyć, wozy pod zwierzynę zaprzęgać, aż uderzyli trębacze w rogi łosiowe, psiarnie zaczęły ujadać, bicze ino świstały w powietrzu. Tu się sokoły na całe gardło drą, tu pisk, krzyk, wrzawa taka, że to jak na największym jarmarku. Aż siadł sam król na konia, po bokach mu książęta i wielcy panowie; pojechali.

Jadą, jadą, przyjechali pod las. Dziwują się goście, że taka knieja gęsta, pewno i zwierza pełna, to się ino psy rwą, ino konie parskają; kiedy wtem spojrzy król w bok jakoś, a tu na polanie leżą one pęki łodyg, przez pachołków z wody wydobyte, wyschłe, wymizerowane, sczerniałe.

Król zapalił się gniewem na twarzy, humor mu się od razu przemienił, zawraca konia, przeprasza gości i na powrót na zamek jedzie.

Tak się rozgniewał, że ledwo tchnął, łowczemu wracać przykazał z końmi, wozami i psiarnią, a na pachołki swoje krzyknął:

– Hej tam! Zabrać mi to przeklęte zielsko i omłócić kijami, żeby aż z niego paździerze poszły.

I z wielką pasją do domu wracał, a z nim goście jego.

A pachołki tymczasem, one pęki łodyg porwawszy, zaczęli je kijami okładać tak, że aż z nich paździerze leciały. Naleciał tych paździerzy okrutny pokład, a łodygi aż pobielały, jak z nich ta pierwsza surowizna zeszła.

Łodygi na rozstaje rzucili, na krzyżową drogę, żeby je słońce paliło, a wiatr po świecie roznosił. Leżały one łodygi, leżały, słońce je paliło, wiatr je poplątał, ale ich rozmieść nie mógł, bo za wielka moc tego była. A kupca szukali, precz szukali, tylko znaleźć nie mogli.

A król zapomniał jakoś o swoim strapieniu i wybrał się ze swoim dworem w drogę. Na siwym koniu jechał, a za nim rycerze i dwór, i pachołki, i różna czeladź, zwyczajnie, jak to się należy do królewskiej wspaniałości i osoby.

Jadą, jadą, przyjechali na rozstajne drogi, aż tu koń, co pod królem szedł, dęba stanął. Ściągnął go król raz i drugi, koń szczupakiem chlusnął przez drogę w bok i zaplątawszy nogi, nie wiedząc jak, na ziemię runął.

Uskoczył król, strzemię z nogi zrzuciwszy, ale się okrutnie przeląkł. Zaraz też nadbiegli rycerze i słudzy, patrzą, w co się królewski koń wplątał, a to w te łodygi, co je pachołki na rozstaj rzuciły. Król, jak był blady ze strachu, tak się zrobił czerwony od gniewu, czeladź swoją skrzyknął i kazał precz do trzeciej skóry zielsko owo kijami zbić, a potem je w ogniu spalić.

Czeladź zaraz się do kijów porwała, one łodygi do trzeciej skóry obiła, tak że samo włókno cienkie i jak srebro takie bielusieńkie zostało, i dalej nosić na kupę, żeby spalić.

Patrzał na to wszystko król razem z dworem swoim, aż kiedy czeladź głownie zapalone pod one włókna podkładać miała, przyleciał pachołek i krzyknął:

– Królu, panie! Znaleźliśmy tego kupca, któregoś szukać rozkazał.

A tuż zaraz prowadziły straże onego starca, związanego, przed królewskie oblicze.

Król zmarszczył czoło i tak srogo wejrzał na pojmanego, że cały dwór struchlał i prawie tchnąć nie śmiał. Ale stary ten człowiek wcale się nie przestraszył i sam do króla spokojnie przystąpiwszy, rzekł:

– Kazałeś mnie, królu, szukać jak złoczyńcy po całym królestwie swoim, a otom jest. Sam szedłem do ciebie, dowiedziawszy się, że mnie potrzebujesz, bom wpierw w dalekich drogach bywał, a tu mnie u bram twego miasta straż pojmała. Rozkaż, aby odstąpili, a iżbym z tobą sam mówił.

Tak mówił ten starzec, ale król bardzo był zagniewany i srogo krzyknął:

– Do ciemnicy cię wtrącę, boś mnie, króla i pana, oszukał, a siemię owo, z którego miało mi się urodzić złoto, wydało tylko zielsko nikczemne, ku spaleniu zdatne! Patrz! Oto cała kupa tego twego złota – dodał, biorąc się w boki z wielką pasją.

Starzec popatrzał i rzekł:

– Królu, panie! Kiedy taka wola twoja, abym do ciemnicy szedł, niech mnie do ciemnicy wiodą; ale tych łodyg nie każ ogniem wytracać, tylko je ze mną w loch rzucić daj! A za dwa miesiące usłyszysz co nowego o mnie.

Król zezwolił, a tejże godziny starca i całą kupę owych łodyg siwych cisnęli do lochu.

Byłby tam staruszek niechybnie z głodu zginął, ale mu przynosiła jeść córka dozorcy, młoda, śliczna i pracowita dziewczyna. Na imię jej było Rózia. Rózia przychodziła co dzień do lochu ze swoją prześlicą, na której przędła jedwab dla bogatej pani, i czekała, aż się staruszek posi-

li. Pewnego dnia namówił ją ów więzień, że zamiast jedwabiu naskubała włókienek z onego zielska, nawinęła na prześlicę i zaczęła prząść. Ze żartów, ot, bo myślała, że z tego nic nie będzie.

Tymczasem patrzy, a tu równiuteńka niteczka snuje jej się a snuje, aż wrzeciono furczy. Zadziwiła się bardzo, a że jej jedwabiu już brakło, zaczęła one włókienka prząść. Kiedy już tego dużo naprzędła, rzekł jej staruszek:

– Idź teraz do domu i tak jak z jedwabiu tkasz, tak i tę przędzę utkaj.

Rózia usłuchała staruszka. Na warsztacie z owej przędzy postaw naciągnęła, potem pięknie w poprzek cewką zasnuła i zrobiła… płótno.

Kiedy to właśnie było gotowe, przyszedł urzędnik królewski patrzeć, czy on stary więzień jeszcze żyje. Zadziwił się, że staruszek taki żwawy, więc powiada do niego:

– Proś, o jaką chcesz łaskę, bo dziś królewska córka za mąż idzie.

Wtedy ów staruszek mówi:

– Dobrze. Chciałbym królewnie podarunek weselny dać i dlatego proszę, abym przed króla był stawiony.

Ano, urzędnik wypuścił go z lochu i pod strażą do króla przywiódł.

Spojrzy stary, a tu wielka moc pań i panów, królewna jak lilia, pan młody jak słońce, muzyka gra, kołacze aż pachną, pacholęta kwiatami drogę ścielą.

Zmarszczył król czoło, na starego spojrzawszy; ale że to w takie gody gniewać się nie mógł, więc pyta, z czym tu przychodzi.

– Z podarunkiem dla królewny – mówi staruszek i rozwija przed królem ślicznie utkane płótno, które Rózia, nauczona przez niego, wybieliła na rosie i słońcu.

– Co to takiego jest? – rzekł król ciekawie.

– Królu, panie! Toć-ci jest owo złoto, które z owego nasienia, com ci je dał, wyróść miało. Len to był, ubogiego narodu bogactwo, com go z ziemi twojego królestwa dobyć chciał. Kazałeś go topić? Dobrześ uczynił, bo jego łodyżki w wodzie odmięknąć muszą. Kazałeś go z wody precz cisnąć? Dobrześ uczynił, bo go trzeba suszyć. Po moknięciu owym kazałeś go kijami z paździerzy obić? Dobrześ uczynił, bo tę złą paździerz obić trzeba z łodygi, żeby ją uprawić. Kazałeś je zaś powtórnie kijami obijać? I toś dobrze uczynił, bo do trzeciej skóry len obić trzeba i kijem go wyłamać, żeby do włókna się dostać. Kazałeś mnie do lochu wrzucić? I toś dobrze uczynił, bo mnie tam żywiła dobra dziewczyna, którą-m oto nauczył, jak się włókno lniane przędzie i na płótno tka. A toś tylko źle uczynił, żeś to wszystko robił w gniewie i nie z wyrozumienia, ale z zapalczywości. Że to jednak taki dzień szczęśliwy dziś jest w twojej królewskiej rodzinie, więc ci z serca krzywdę moją odpuszczam, a na ręce królewny ten oto dar składam. Królewna niech każe po wsiach len siać i tak go sprawić z rozwagą i miłością, jakeś go ty, królu, z gniewem sprawiał, a z płótna niech da koszule dla wszystkich sierot i niemocnych szyć, co jest więcej niż złoto, bo jest poratowanie ubóstwa i niedostatku.

Skończył stary, a król słuchał i aż na twarzy ze wstydu się mienił, że tak ukrzywdził niesłusznie człowieka. A zaś potem wstał, starca w ramiona wziął, przeprosił i koło siebie posadziwszy, rzekł:

– Dziękuję ci, mój ojcze, żeś mi to uczynił, czego moje niespokojne chęci uczynić nie mogły. Złota chciałem, a tyś mi lepszą rzecz dał. Bo w złocie możni tylko by chodzili, a w tym lnie oto cały lud mój ubogi chodzić będzie.

I zaraz kazał krajać koszule z płótna onego i sierotom rozdzielić, z czego wielka radość była w całym kraju.

Spis treści

Juliusz Słowacki

Aleksander Fredro

Stanisław Jachowicz

Józef Ignacy Kraszewski

Maria Konopnicka

fot. Piotr Dziubak

Emilia Dziubak ukończyła grafikę na Akademii Sztuk Pięknych w Poznaniu. Debiutowała w 2011 roku autorską książką kucharską dla dzieci pt. *Gratka dla małego niejadka*, która znalazła się w ścisłym finale konkursu na najpiękniejsze książki obrazkowe 4th CJ Picture Book Award w Korei. Jej ilustracje ukazują się w takich czasopismach jak „Gaga", „Przekrój", „Wprost" czy „Art & Business". Dwukrotnie otrzymała nominacje w konkursie PTWK Najpiękniejsze Książki Roku. Laureatka Nagrody Literackiej m.st. Warszawy w 2014 r.

Wydawnictwo NASZA KSIĘGARNIA Sp. z o.o.
02-868 Warszawa, ul. Sarabandy 24c
tel. 22 643 93 89, 22 331 91 49,
faks 22 643 70 28
e-mail: naszaksiegarnia@nk.com.pl

Dział Handlowy:
tel. 22 331 91 55, tel./faks 22 643 64 42
Sprzedaż wysyłkowa: tel. 22 641 56 32
e-mail: sklep.wysylkowy@nk.com.pl www.nk.com.pl

Książka została wydrukowana na papierze
Claro Bulk 115 g/m².

Redaktor prowadzący *Anna Garbal*
Opieka redakcyjna *Joanna Kończak*
Korekta *Katarzyna Nowak, Roma Sachnowska*
Redaktor techniczny, opracowanie DTP *Agnieszka Czubaszek-Matulka*

ISBN 978-83-10-12550-7

PRINTED IN POLAND

Wydawnictwo „Nasza Księgarnia", Warszawa 2014 r.
Wydanie pierwsze
Druk: Zakład Graficzny COLONEL, Kraków